पंचकर्म

संबंधित पुस्तके

Title	Author	ISBN
• Anubhut Ayurved Chikitsa (Hindi)	*R.K. Bhutiya*	9789386347053
• Aushadh Dravyo Ka Tridosh Goon Vivechan	*R.K. Bhutiya*	9788172339586
• Aushadh Gan Mimansha (Analytic Study of Aushadha-Gana)	*R.P. Purvia*	9789388043786
• Ayurvedic Medicinal Plants of India *(Vol. 1-2) (Set)*	*R.K. Bhutiya*	9789387991477
• Colour Atlas of Medicinal Plants	*R.K. Bhutiya*	9789383692552
• Controversial Herbal Drugs of Ayurveda	*A.S. Saroya*	9788172338213
• Dictionary of Indian Alchemy and Poly-Herbal Formulations	*A.S. Saroya*	9788172334478
• Dictionary of Local-Botanical Names in Indian Folk Life	*Vartika Jain*	9789383692514
• Diseases of Respiratory System (Hindi)	*A.K. Saxena*	9788172339357
• Glossary of Medicinal Plants Used in Ayurveda	*A.S. Saroya*	9788172334486
• Handbook of Indian Medicinal Plants	*M.C. Joshi*	9788172334508
• Materia Medica	*H.G. Greenish*	9788172332136
• Medical Ayurvedic Dictionary (Hindi-Hindi-English-English)	*R.K. Bhutiya*	9788172338374
• Panchakarma Chikitsa (English)	*G.P. Sharma*	9789388043618
• Pathological Investigation with Analysis	*M.M. Dashora*	9788172338541
• Prachin Bharat Me Ayurvedic Vanaushadhi: Upyog Manak Aur Manav Dharm	*K.L. Nishad*	9789388043540
• Skin Diseases (Hindi)	*R.K. Bhutiya*	9788172339203
• Textbook of Padartha Vijnana and History of Ayurveda 2nd Ed	*Vaibhav Dadu*	9789387307216
• Useful Herbs of Planet Earth	*M. Daniel*	9788172338176
• Vanaspati Aushadh Vigyan (Hindi)	*R.K. Bhutiya*	9788172334765
• Vanaspati Shabdkosh 2nd Ed (Hindi)	*S.K. Jain*	9789386652195
• Vish Chikitsa *(Vedic, Ayurvedic aur Paramparagath Chikitsa)*	*Monika Verma*	9789387893863

पंचकर्म

लेखक

डॉ. मीनाक्षी शर्मा

एम.डी. (आयुर्वेद), पंचकर्म प्रशिक्षण प्रमाण-पत्र

आयुर्वेद चिकित्सा अधिकारी, आयुष विभाग

अखिल भारतीय आयुर्विज्ञान संस्थान, जोधपुर (राज.)

डॉ. ज्ञान प्रकाश शर्मा

एम.डी. (आयुर्वेद), सहायक आचार्य

स्नातकोत्तर पंचकर्म विभाग

डॉ. सर्वपल्ली राधाकृष्णन राजस्थान, आयुर्वेद विश्वविद्यालय, जोधपुर (राज.)

प्राक्कथन

डॉ. संजीव मिश्रा

साईन्टिफिक
पब्लिशर्स

प्रकाशक

साईन्टिफिक पब्लिशर्स (इण्डिया)

5-ए, न्यू पाली रोड, पो. बा. नं. 91
जोधपुर-342 001 (राज.)
टेलिफोन : 0291-2433323
E-mail: info@scientificpub.com
Website : http://www.scientificpub.com

ISBN: 978-93-87893-90-0
e-ISBN: 978-93-87991-65-1

भारत में मुद्रित

विषय सूची

क्र.सं.	विषय – वस्तु	पृष्ठ सं.

क्र.सं.	विषय – वस्तु	पृष्ठ सं.

क्र.सं.	विषय – वस्तु	पृष्ठ सं.

डा० संजीव मिश्रा
Dr. Sanjeev Misra
MS, MCh, FRCS (Eng.), FRCS (Glasgow), FICS, FACS (USA), FAMS, FNASc
Director & CEO
Prof. of Surgical Oncology

अखिल भारतीय आयुर्विज्ञान संस्थान, जोधपुर
All India Institute of Medical Sciences, Jodhpur-342005, Rajasthan, India
Phone : 0291-2012993
E-mail : director@aiimsjodhpur.edu.in
misralko@gmail.com

प्राक्कथन

पंचकर्म आयुर्वेद में उल्लेखित एक अनूठी विद्या है जिसके द्वारा हम सभी शारीरिक दोषों, मानसिक दोषों, एवं इन्द्रियों को सन्तुलित रख सकतें हैं। आधुनिक जीवनशैली में तनाव एवं खानपान के बदलाव की वजह से पचंकर्म की उपयोगिता तेजी से बढ़ रही है। पचंकर्म के अन्तर्गत पाँच प्रकार के शोधनकर्मो के द्वारा न केवल रोगीयों को लाभ पहुँचाया जा सकता है अपितु सामान्य जन को भी स्वस्थ रखा जा सकता है।

मैं डॉ. मीनाक्षी शर्मा को व्यक्तिगत रूप से जानता हूँ जो कि अखिल भारतीय आयुर्विज्ञान संस्थान जोधपुर, आयुष विभाग में एक अच्छी आयुर्वेद चिकित्सक के साथ पंचकर्म चिकित्सा में दक्ष है। इस पुस्तक में पंचकर्म के सैद्धान्तिक तथा प्रायोगिक पक्ष को क्रमबद्ध व सुव्यवस्थित तरीके से सहज भाषा में कलमबद्ध किया गया है। पुस्तक में एक अनुपम तरीके से कठिन विषय को सारणियों द्वारा सरलता से प्रस्तुत किया है। यह कार्य न सिर्फ पचंकर्म की मूल अवधारणा को बताता है बल्कि साथ ही पाठकों को इसके आधुनिक वैज्ञानिक तथ्यों से भी अवगत कराता है, जो कि एक सराहनीय प्रयास है।

मुझे पूर्ण विश्वास है कि लेखकों ने जो अथक प्रयास किया है उसे पाठकों द्वारा सराहा जायेगा एवं पचंकर्म के क्षेत्र में यह पुस्तक अत्यन्त उपयोगी साबित होगी। इस उत्कृष्ट कार्य हेतु में इस पुस्तक के लेखकों को शुभकामनायें अग्रेषित करता हूँ और उनके उज्ज्वल भविष्य की मंगल कामना करता हूँ।

संजीव मिश्रा

डा0 संजीव मिश्रा
निदेशक एवं सीईओ

Basni, Phase-II, Jodhpur Rajasthan-342005. Phone : 0291-2740535 Fax: 0291-2740531 Website: www.aiimsjodhpur.edu.in

डॉ. सर्वपल्ली राधाकृष्णन् राजस्थान आयुर्वेद विश्वविद्यालय
Dr. Sarvepalli Radhakrishnan Rajasthan Ayurved University
जोधपुर - 342 037 / Jodhpur-342 037

Prof. (Dr.) Radhey Shyam Sharma
Vice-Chancellor

शुभाशंसा

मुझे प्रसन्नता है कि डॉ. मीनाक्षी शर्मा, आयुर्वेद चिकित्सा अधिकारी, आयुष विभाग, अखिल भारतीय आयुर्विज्ञान संस्थान, जोधपुर द्वारा पंचकर्म विषयक पुस्तक प्रस्तुत की गई है। आयुर्वेद विश्व का प्राचीनतम चिकित्सा विज्ञान है, जो व्यक्ति की जीवनशैली, आहारविहार, स्वास्थ्य संरक्षण परम्पराओं को प्रस्तुत करता है तथा रोग निवारण को सिखलाता है। व्यक्ति तब तक ही स्वस्थ है जब तक सन्तुलित शारीरिक दोषों के साथ प्रसन्न मन, इन्द्रिय तथा आत्मा है अन्यथा व्यक्ति रोगी है, इस सिद्धान्त को आज विश्व स्वास्थ्य संगठन स्वीकार करता है।

आयुर्वेद में इस सन्दर्भ में कहा गया है -

"समदोषः समाग्निश्च समधातुः मलक्रिय। प्रसन्नात्मेन्द्रिय मनः स्वस्थमित्यभिधीयते।। सु.सू. 15

पंचकर्म आयुर्वेद की शीघ्र प्रभावोत्पादक उपचार विधि है। पंचकर्म के द्वारा आयुर्वेद के प्रयोजन स्वास्थ्य संरक्षण तथा रोगों के मूलतः उन्मूलन को सिद्ध किया जाता है।

"प्रयोजनं चास्यं स्वस्थस्य स्वास्थ्यरक्षणं आतुरस्य विकारप्रशमनं च।" च.सू. 30

"दोषाः कदाचित् कुप्यन्ति जिता लंघनपाचनैः। जिताः संशाधनैर्ये तु न तेषां पुनरूद्भवः।।" च.सू. 16

"स्निग्धस्विन्नशरीराणामूर्ध्वं चाधश्च नित्यशः। बस्तिकर्म तत् कुर्यात् नस्यकर्म च बुद्धिमान्।।" च.सू. 7

पंचकर्म के द्वारा कुपित वात पित्त व कफ को शरीरस्थ मुखादि मार्गों द्वारा वमन विरेचन तथा बस्ति आदि कर्मों द्वारा बाहर निकाल कर दोष की साम्यावस्था स्थापित की जाती है। डॉ. मीनाक्षी शर्मा परिश्रमी, मेधावी तथा निष्णात् चिकित्सक है तथा इनकी विशिष्टताएँ पुस्तक लेखन में स्पष्ट प्रतीत होती हैं। इस पुस्तक में पंचकर्म के विषयों को स्पष्ट रूप से समझाया गया है। पूर्व कर्म, प्रधानकर्म, पश्चात् कर्म तथा केरलोक्त पंचकर्म का विस्तृत वर्णन किया गया है। पुस्तक में प्रायोगिक पक्ष को भी सचित्र व दृष्टान्तों द्वारा समझाया गया है। यह पुस्तक आयुर्वेद के साथ आधुनिक पक्ष को भी प्रदर्शित करती है।

मैं लेखक को उनके इस प्रयास हेतु साधुवाद प्रेषित करता हूँ और आशा करता हूँ कि उनके द्वारा विरचित यह पुस्तक पाठकों के लिए पंचकर्म विषय के ज्ञान हेतु महत्त्वपूर्ण सोपान सिद्ध होगी। मैं लेखक के उज्ज्वल एवं मंगलमय भविष्य की कामना करता हूँ।

(प्रो. डॉ. राधेश्याम शर्मा)
कुलपति

Residence : B-4, Jasol House, Paota 'B' Road, Jodhpur (Raj.)-342 006
Ph. off : 0291-2795301 | Fax : 0291-2795300 | Email : vd.rssharma@gmail.com

सचित्र

वमन कर्म (पूर्व कर्म)

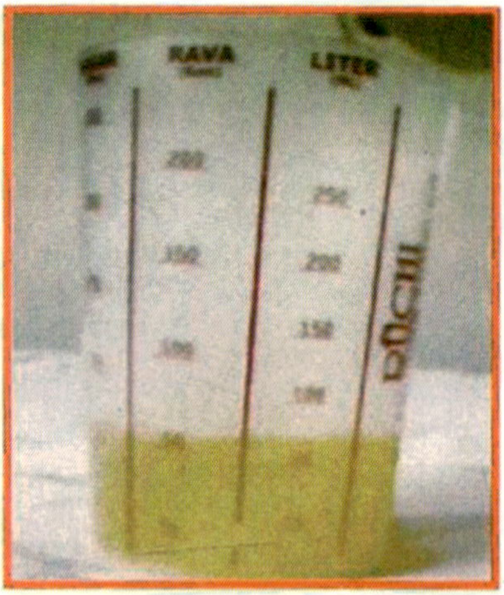

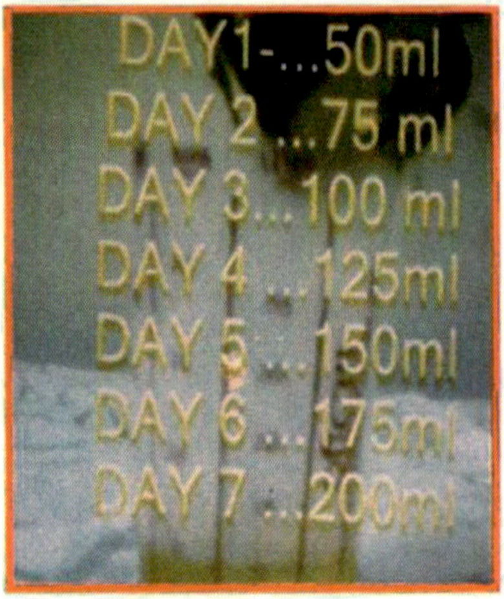

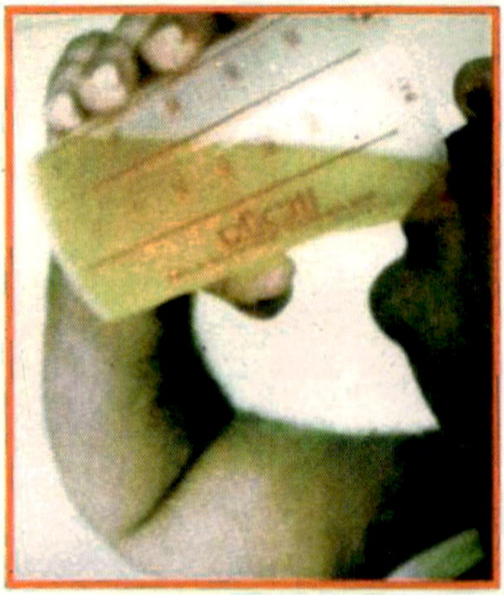

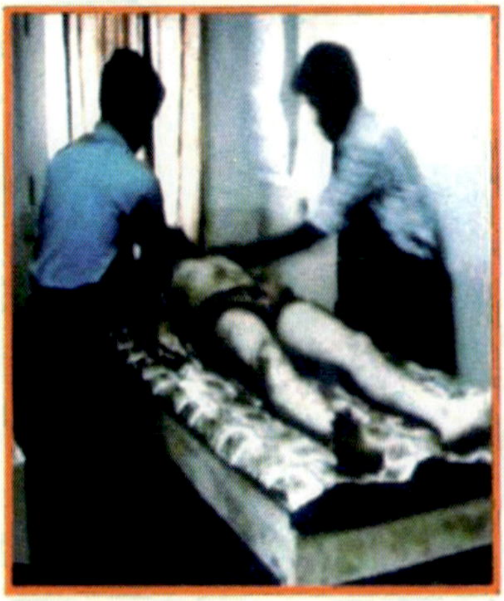

वमन कर्म

वमन कर्म

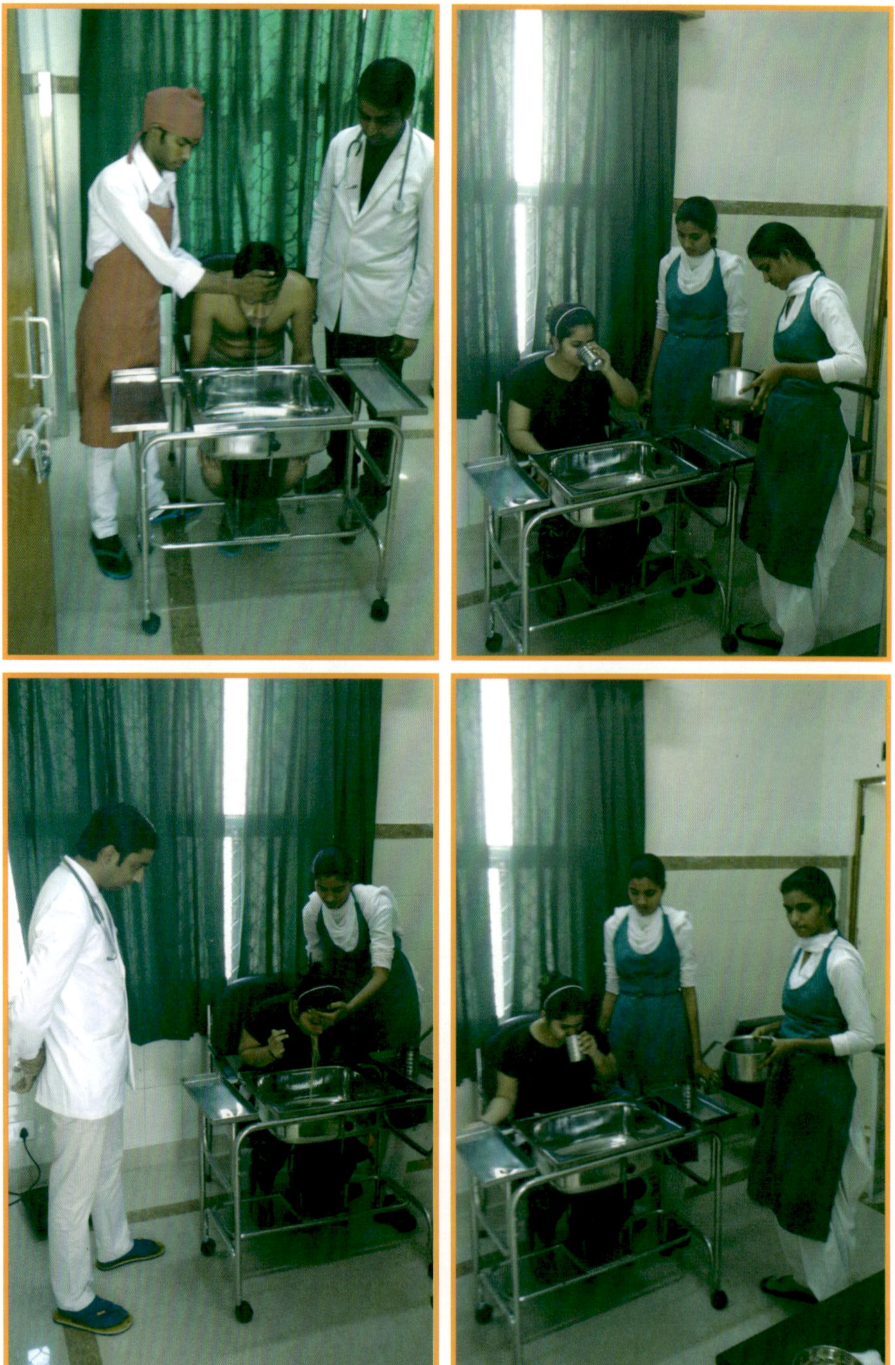

विरेचन कर्म

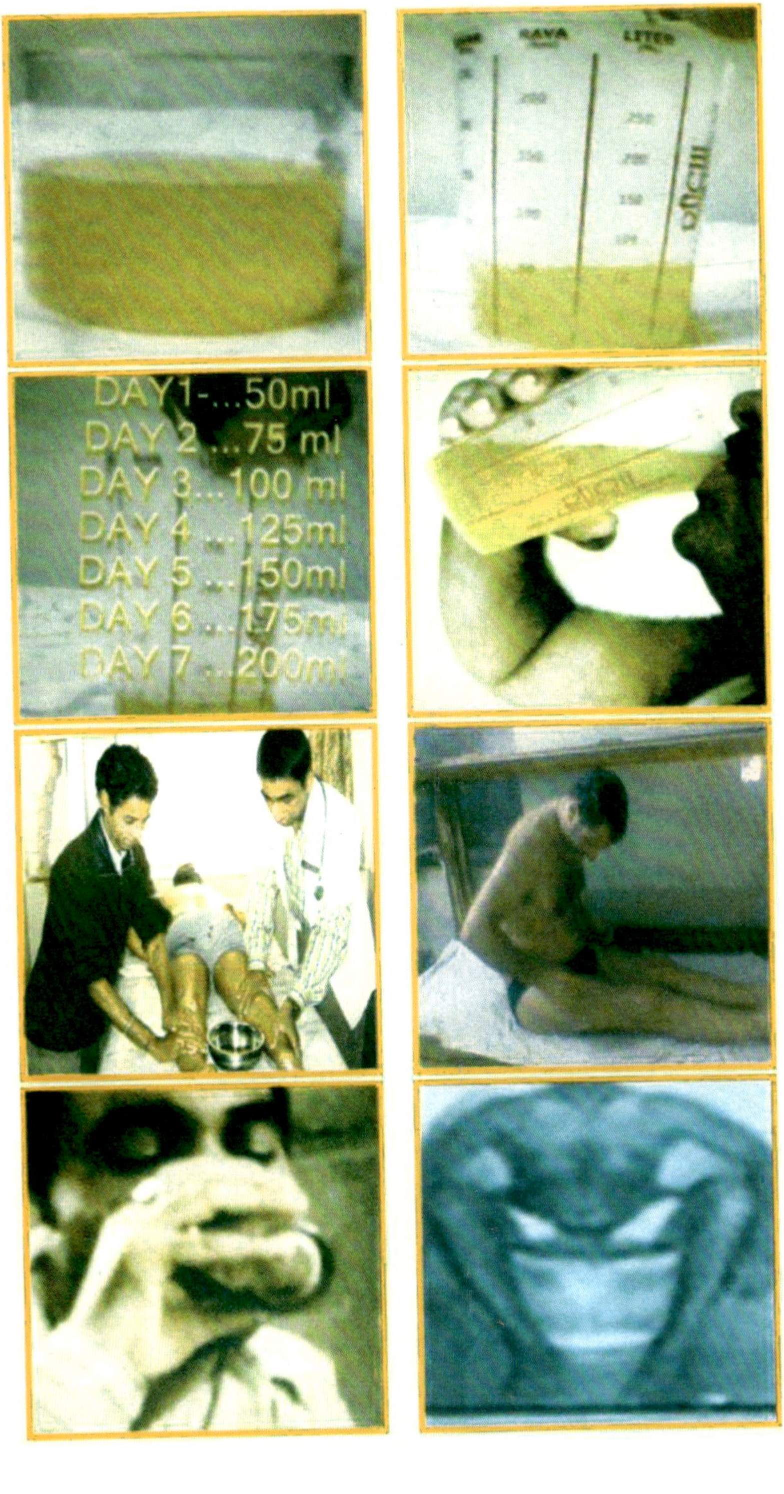
DAY1-...50ml
DAY 2 ...75 ml
DAY 3...100 ml
DAY 4 ...125ml
DAY 5 ...150ml
DAY 6 ...175ml
DAY 7 ...200ml

स्नेह बस्ति कर्म

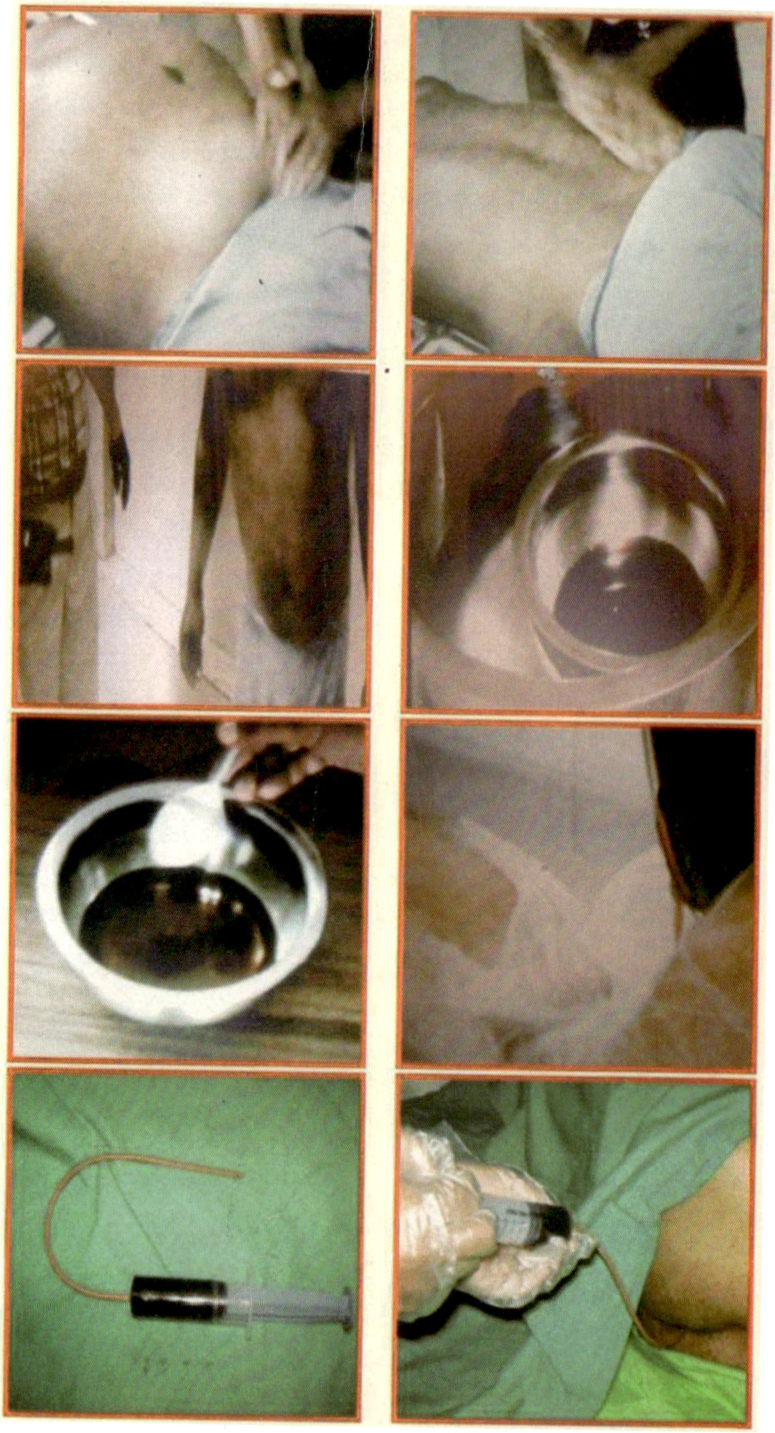

कषाय बस्ति कर्म

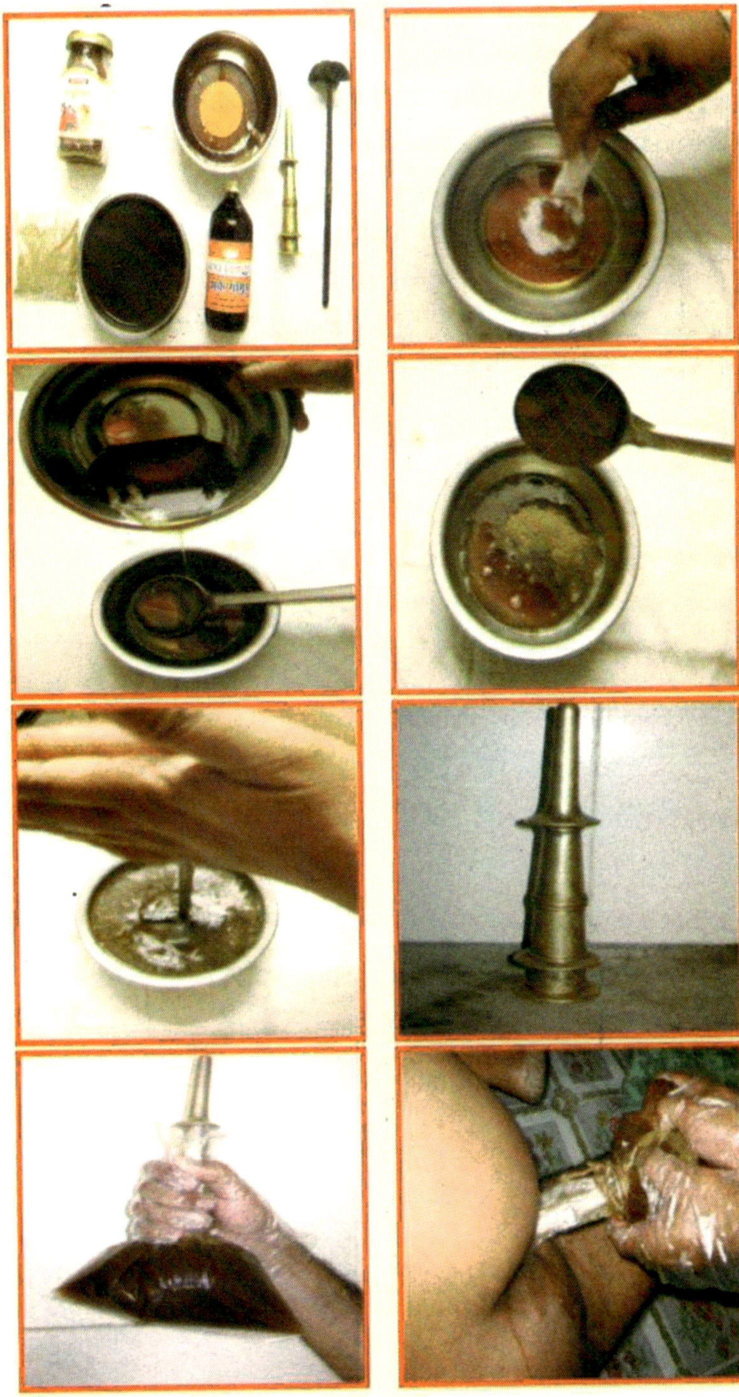

स्नेह एवं कषाय बस्ति कर्म

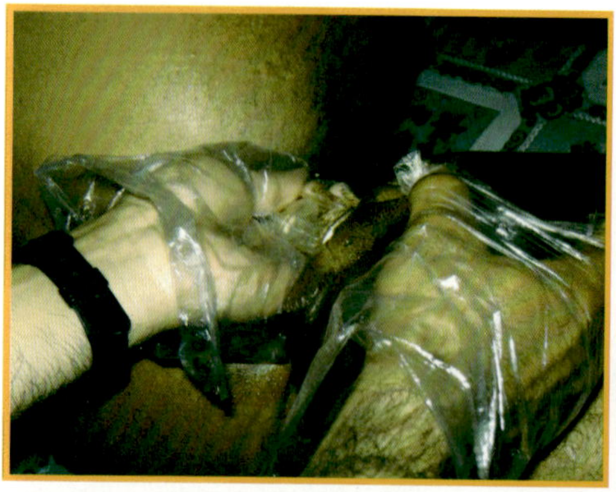

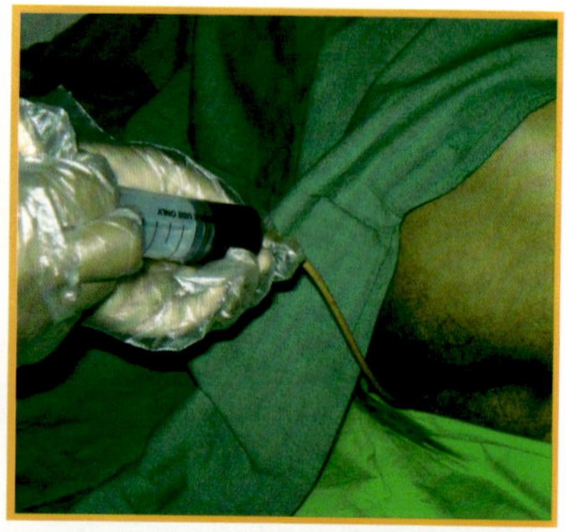

उत्तर बस्ति कर्म

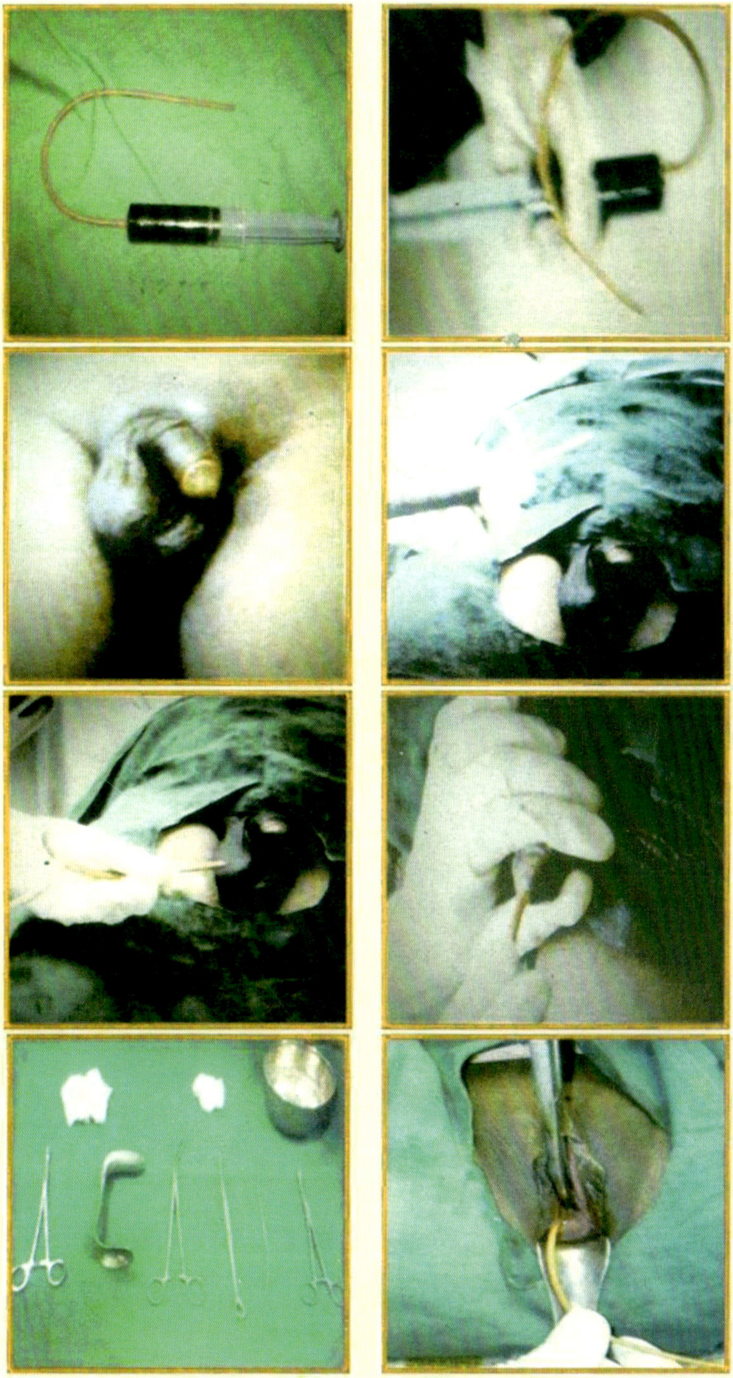

नस्य कर्म

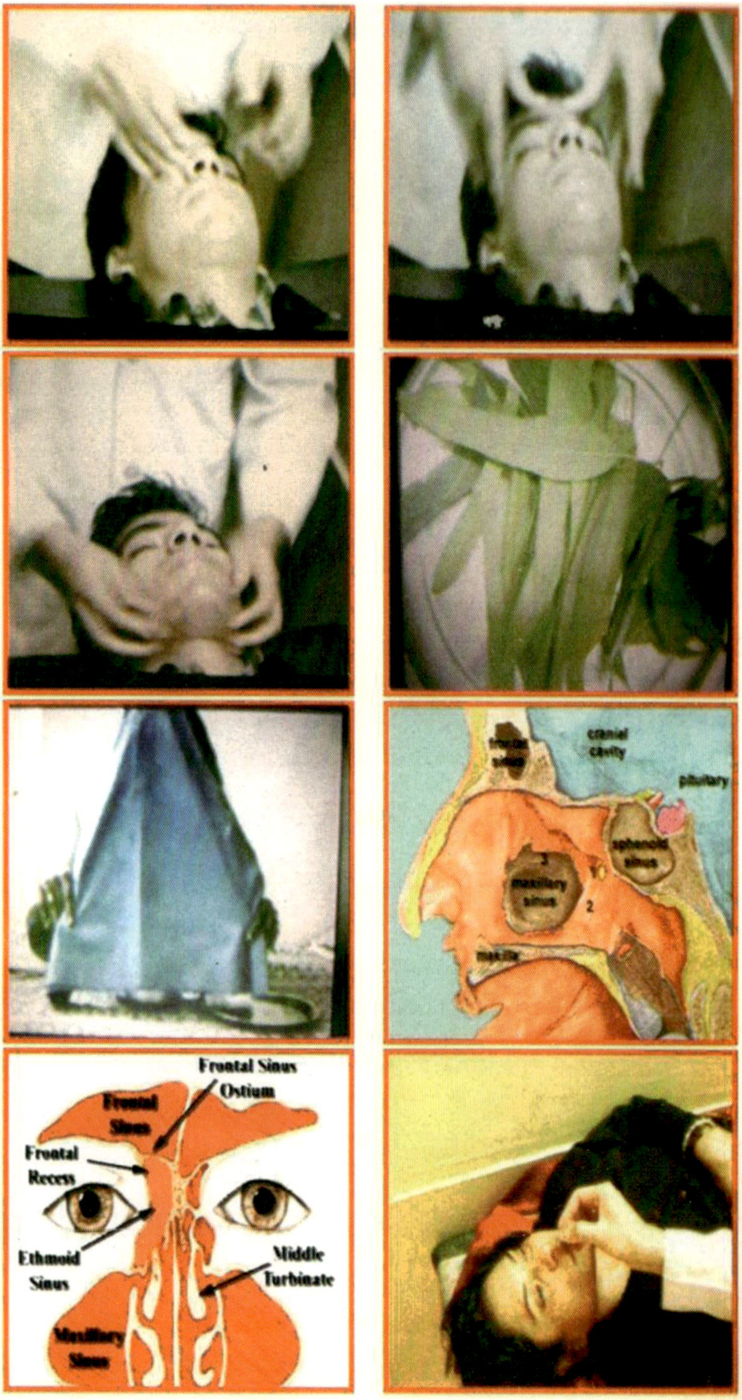
cranial cavity
pituitary
sphenoid sinus
maxillary sinus
Frontal Sinus Ostium
Frontal Sinus
Frontal Recess
Ethmoid Sinus
Middle Turbinate
Maxillary Sinus

नस्य कर्म

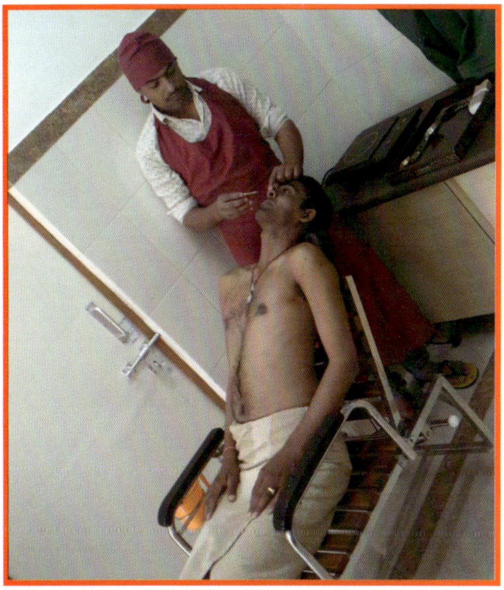

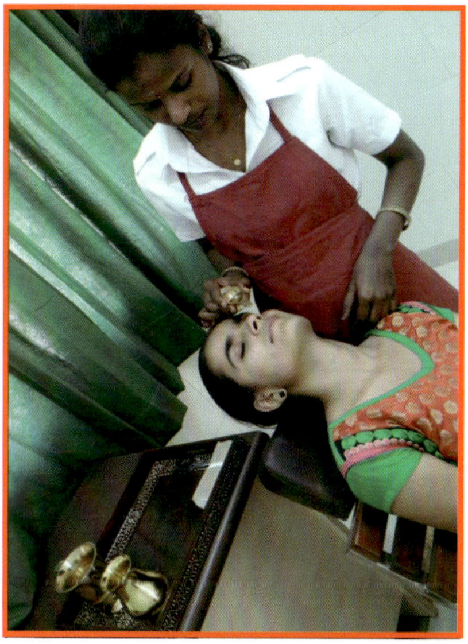

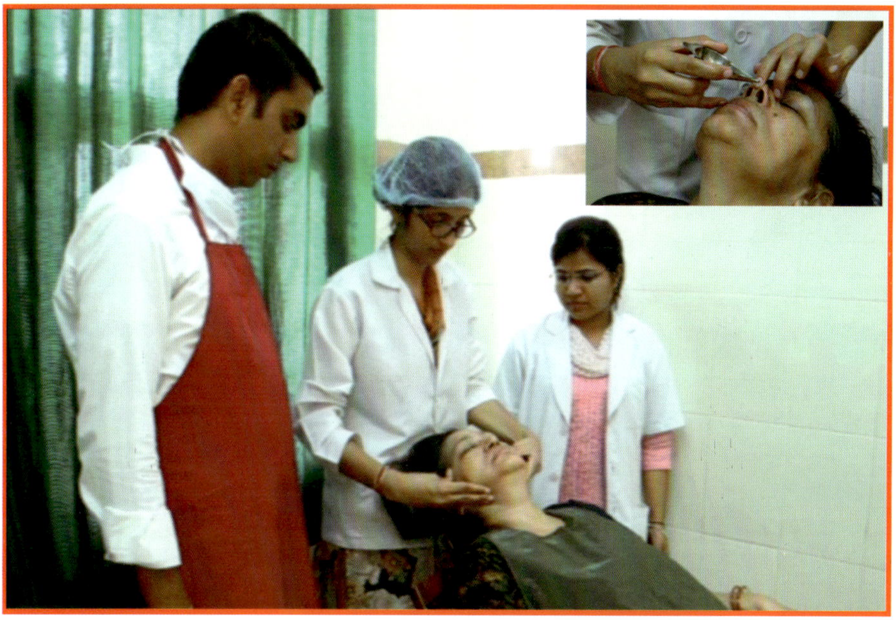

रक्त मोक्षण कर्म

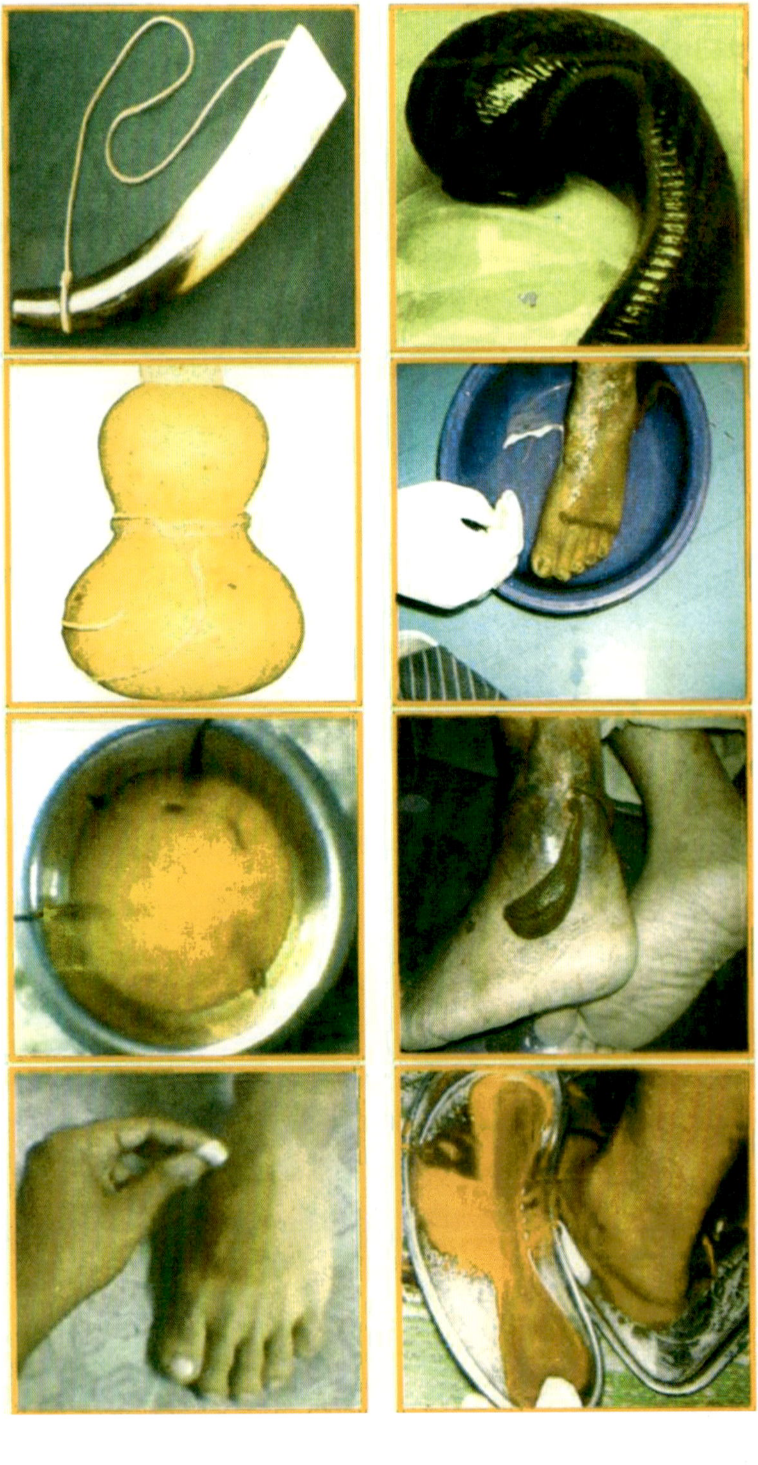

केरलीय पंचकर्म

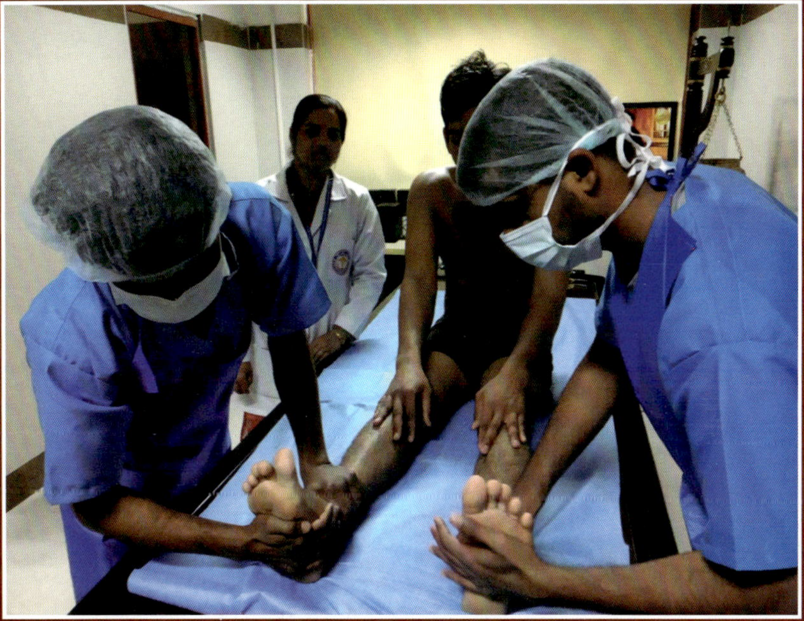

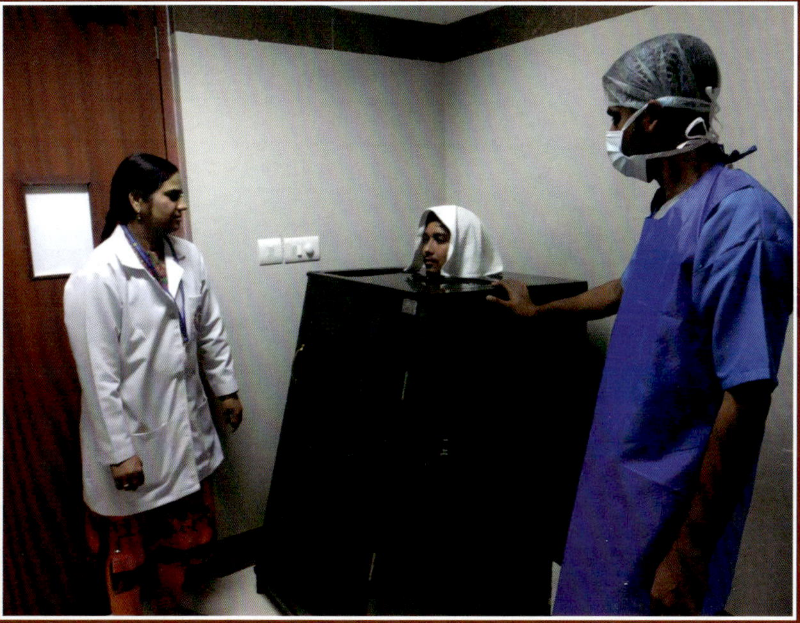

अभ्यंग की अवस्थायें

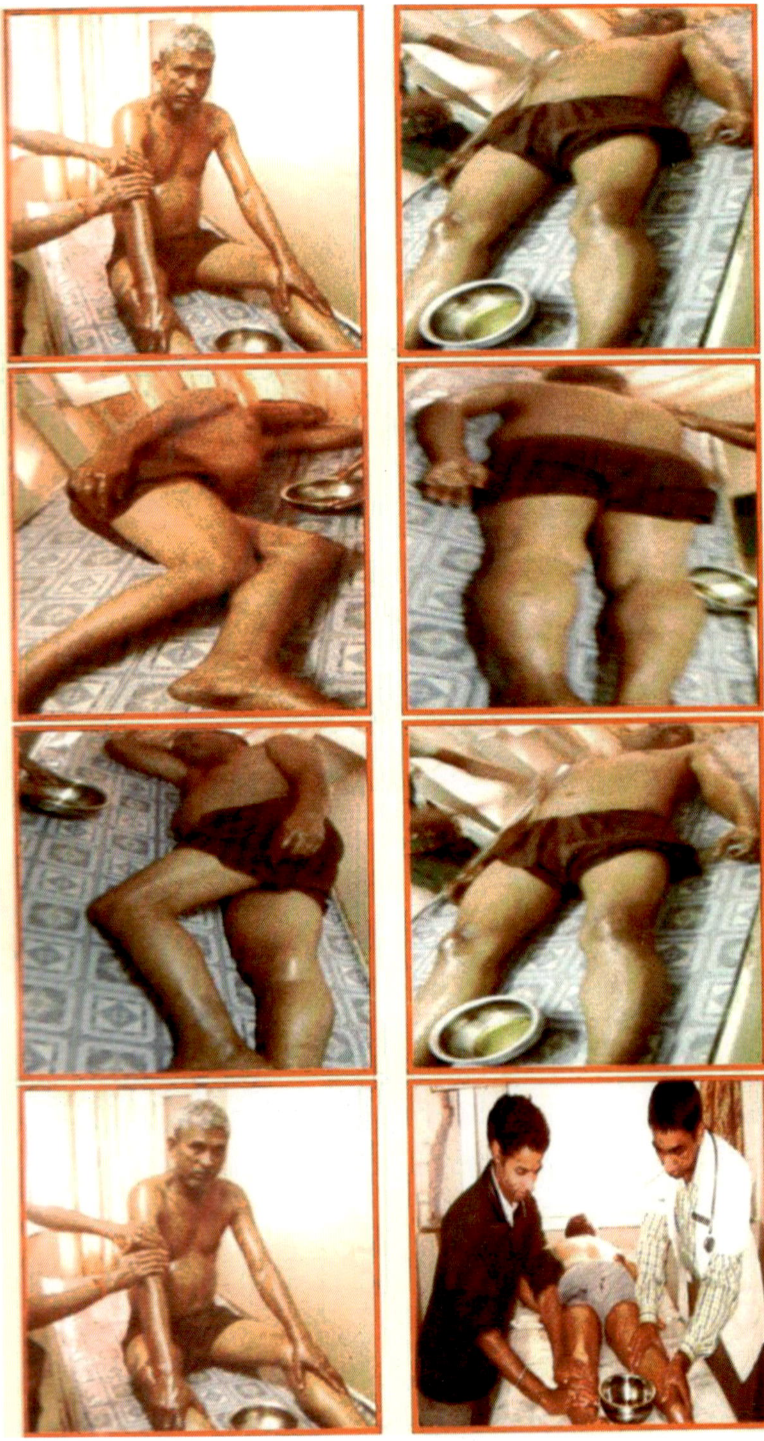

अभ्यंग की अवस्थायें

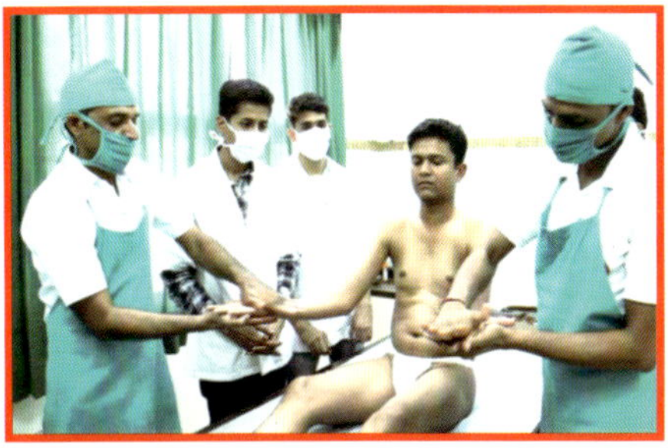

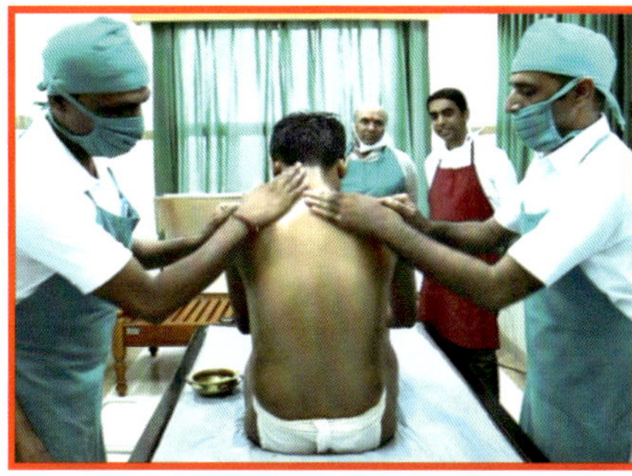

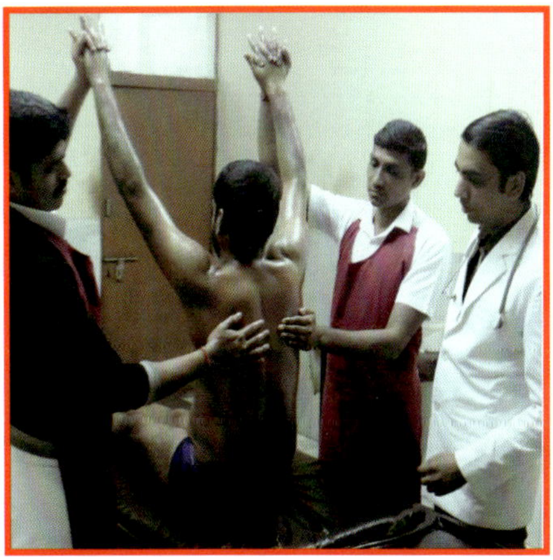

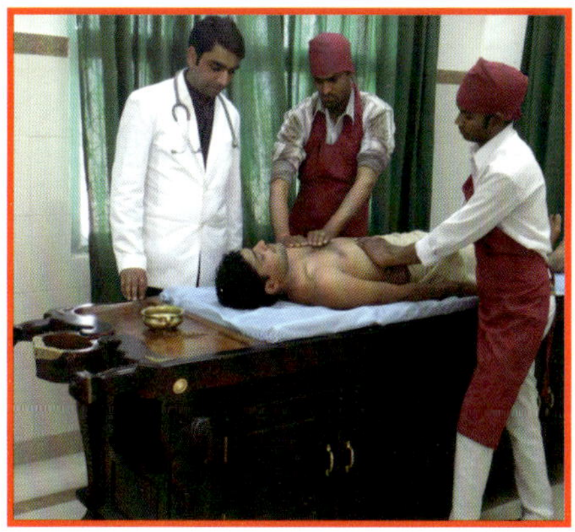

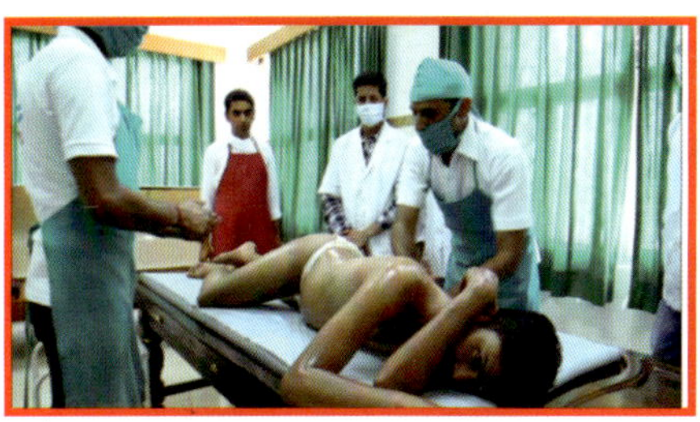

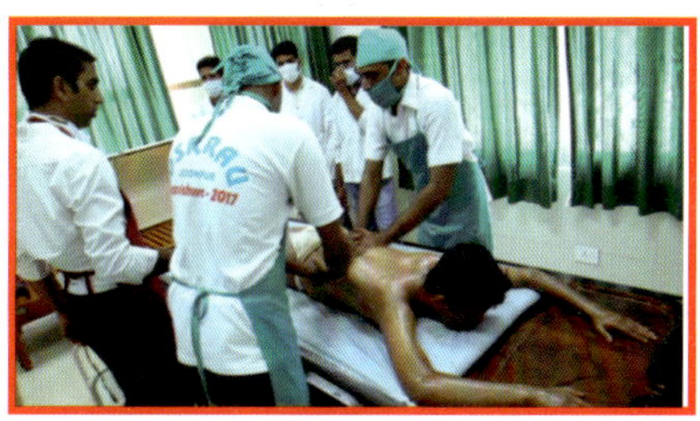

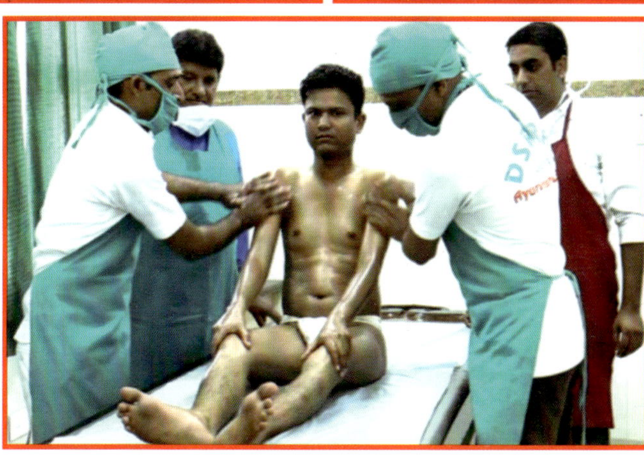

अभ्यंग के उपकरण

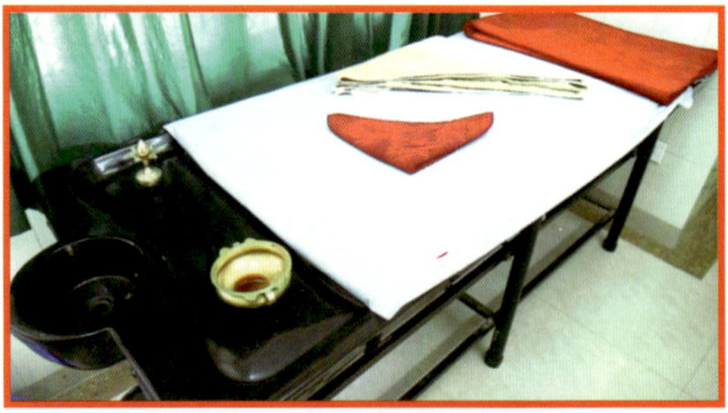

बस्ति कर्म कक्ष
Basti-Karma Room
Kati-Janu-Greeva-Shiro Basti Room
6

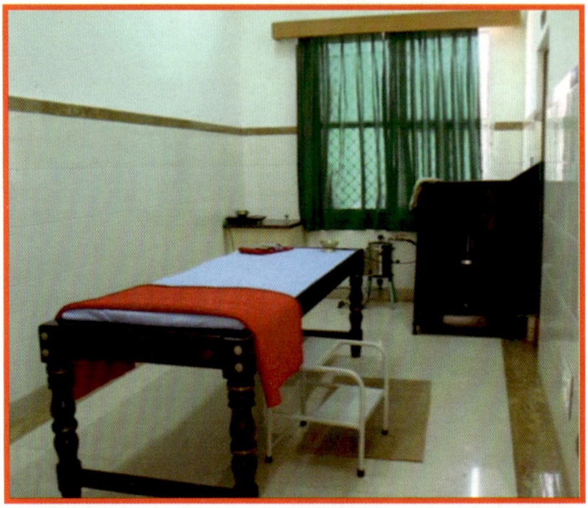

स्वेदन कर्म

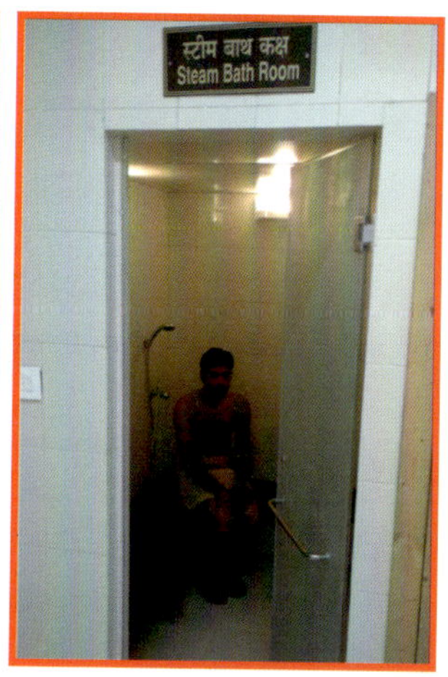

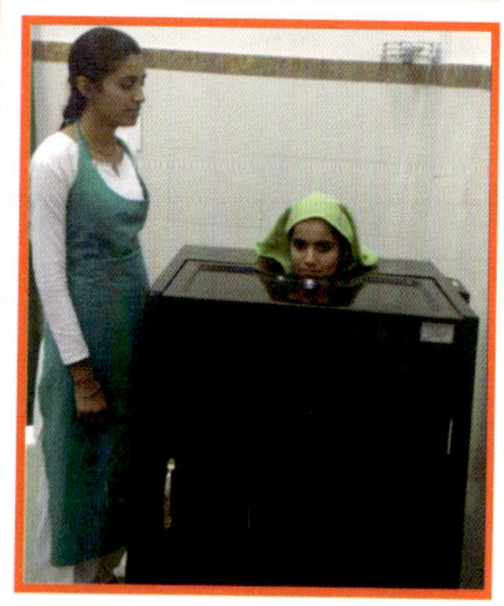

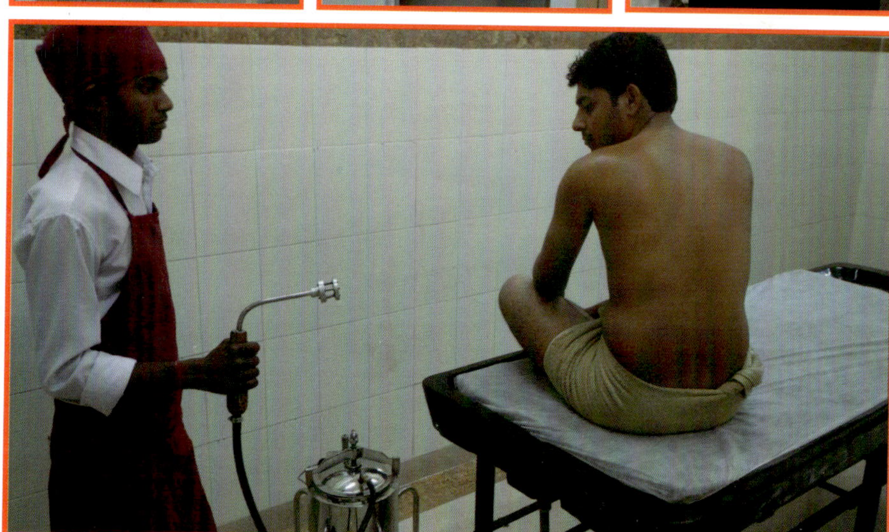

स्वेदन कर्म के उपकरण

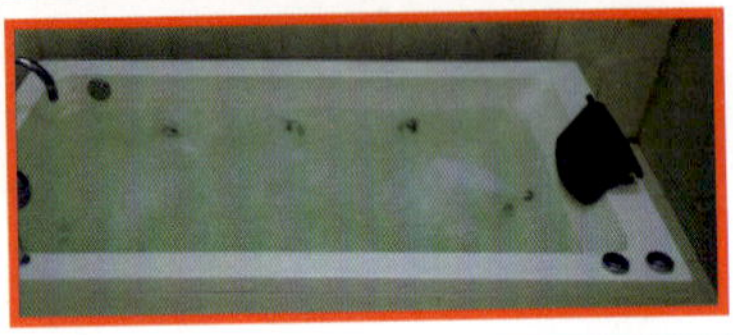

शिरोधारा (मूर्ध सेक)

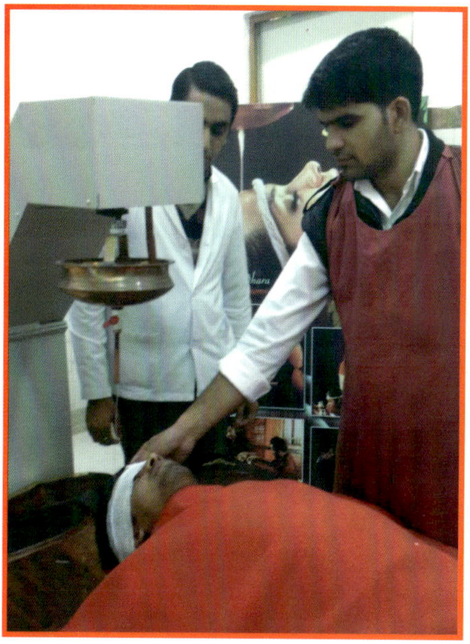

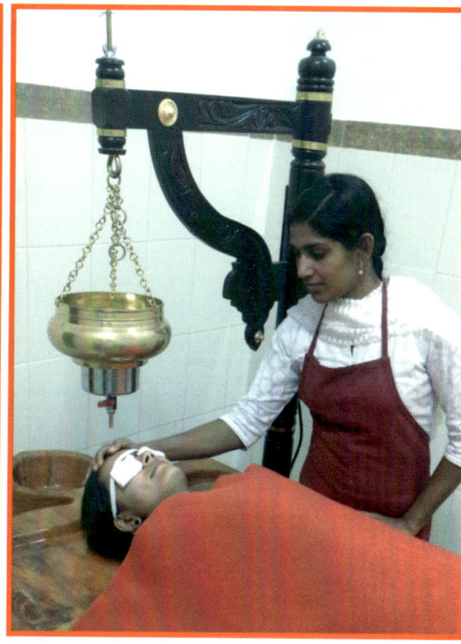

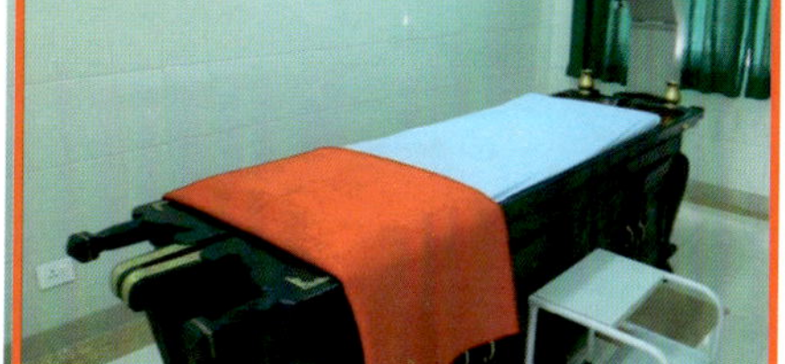

शिरोधारा (मूर्ध सेक)

कायसेक एवं जानूसेक

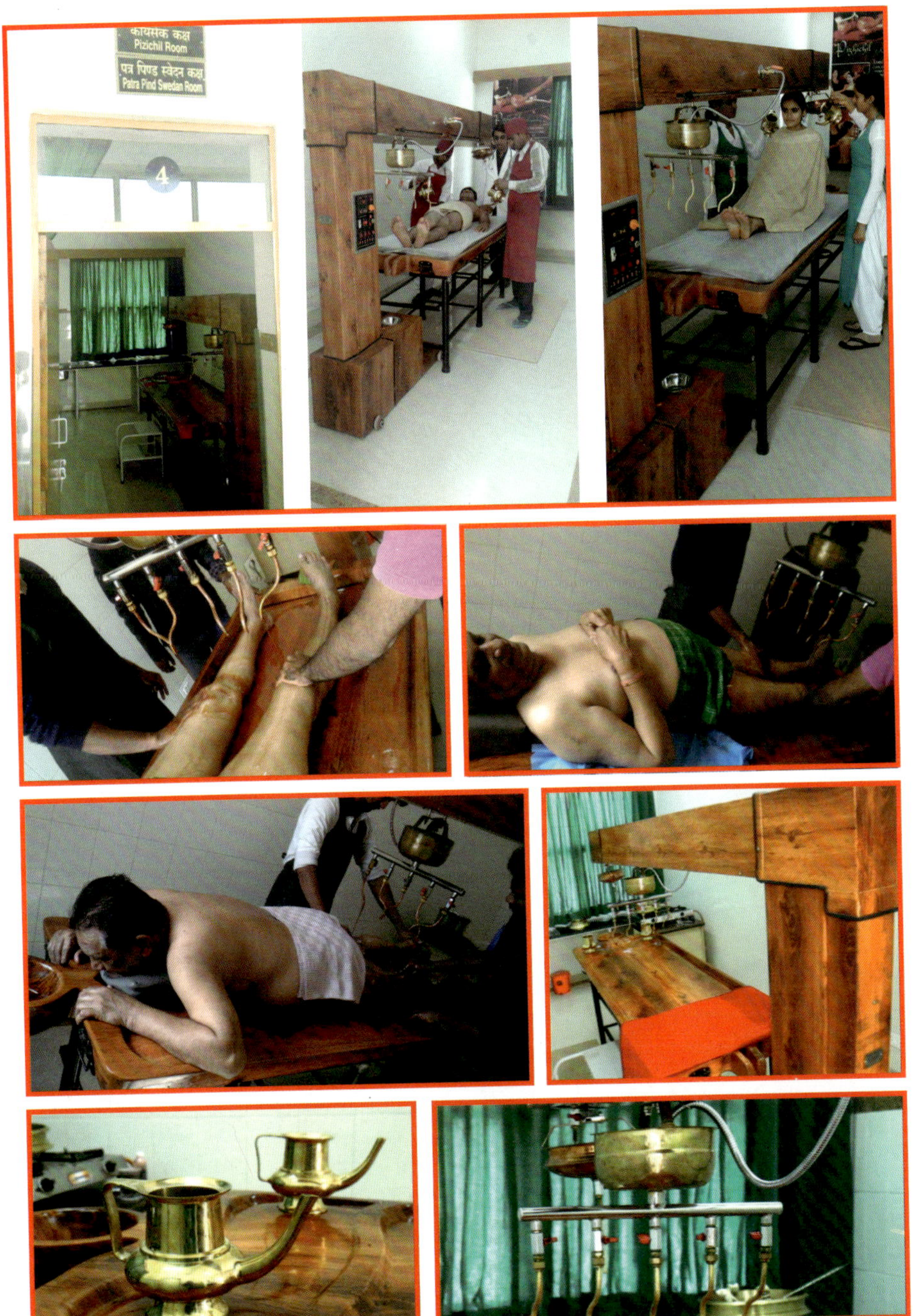
कायसेक कक्ष
Pizichil Room
पत्र पिण्ड स्वेदन कक्ष
Patra Pind Swedan Room

षष्टिकशाली पिण्ड स्वेद

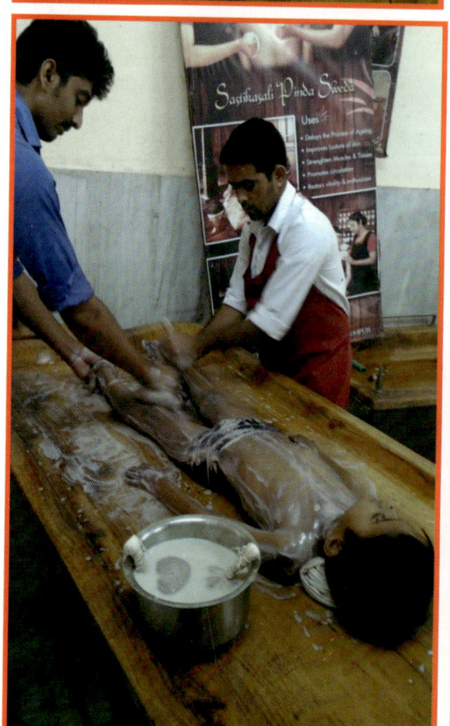

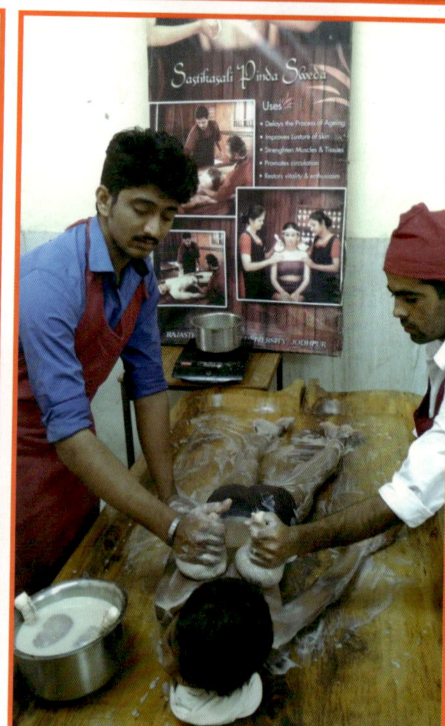

षष्टिकशाली पिण्ड स्वेद

पत्रपोटली पिण्ड स्वेद

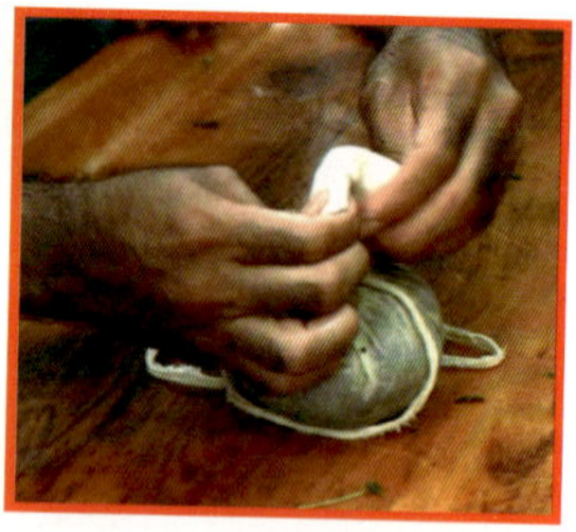

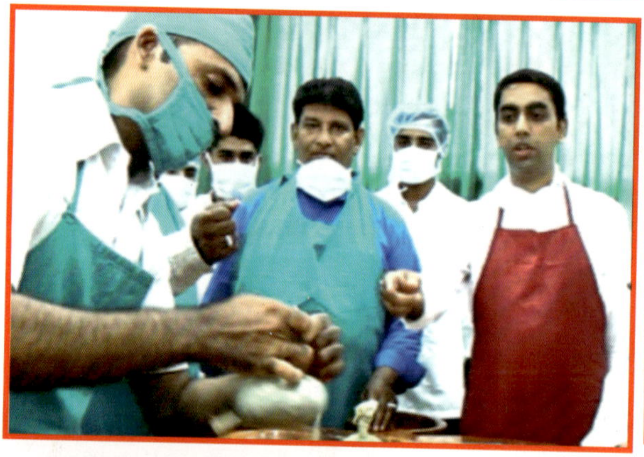

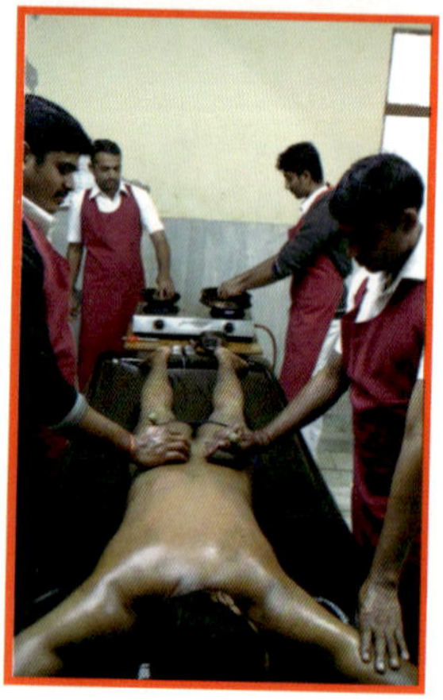

पत्रपोटली पिण्ड स्वेद

पत्रपोटली पिण्ड स्वेद

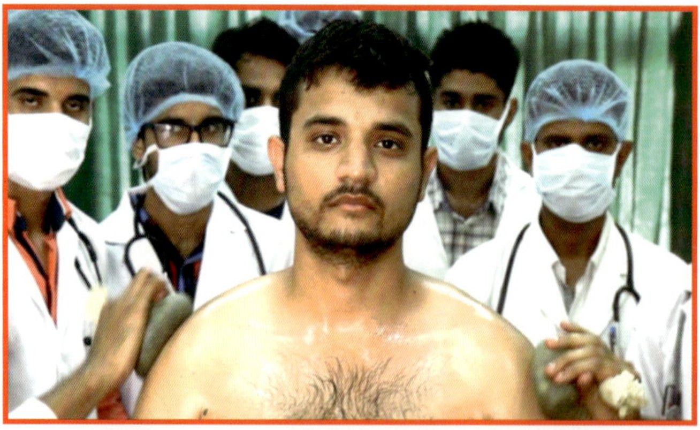

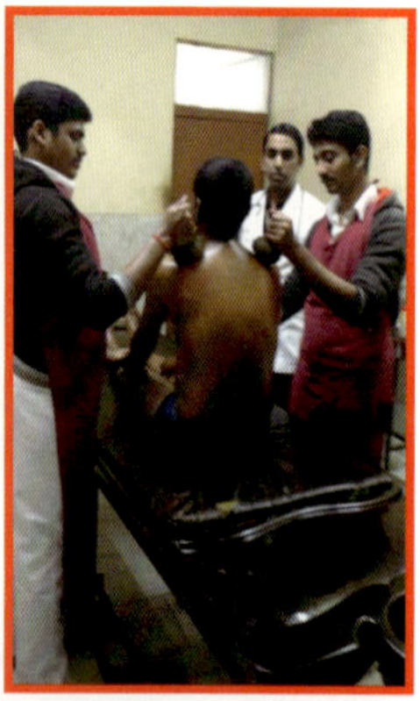

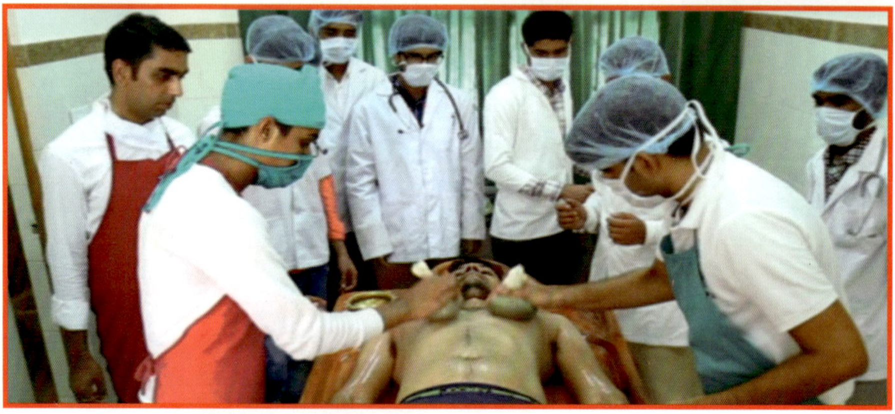

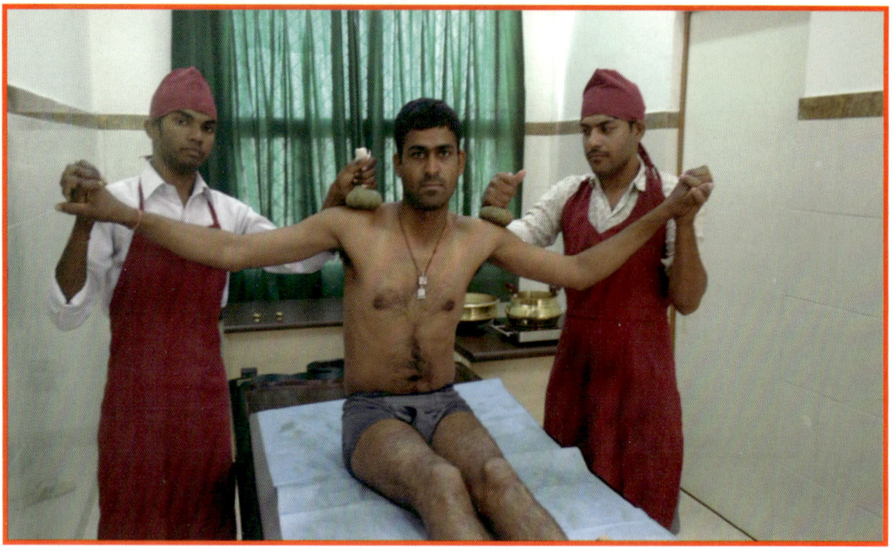

ग्रीवा बस्ति एवं कटि बस्ति

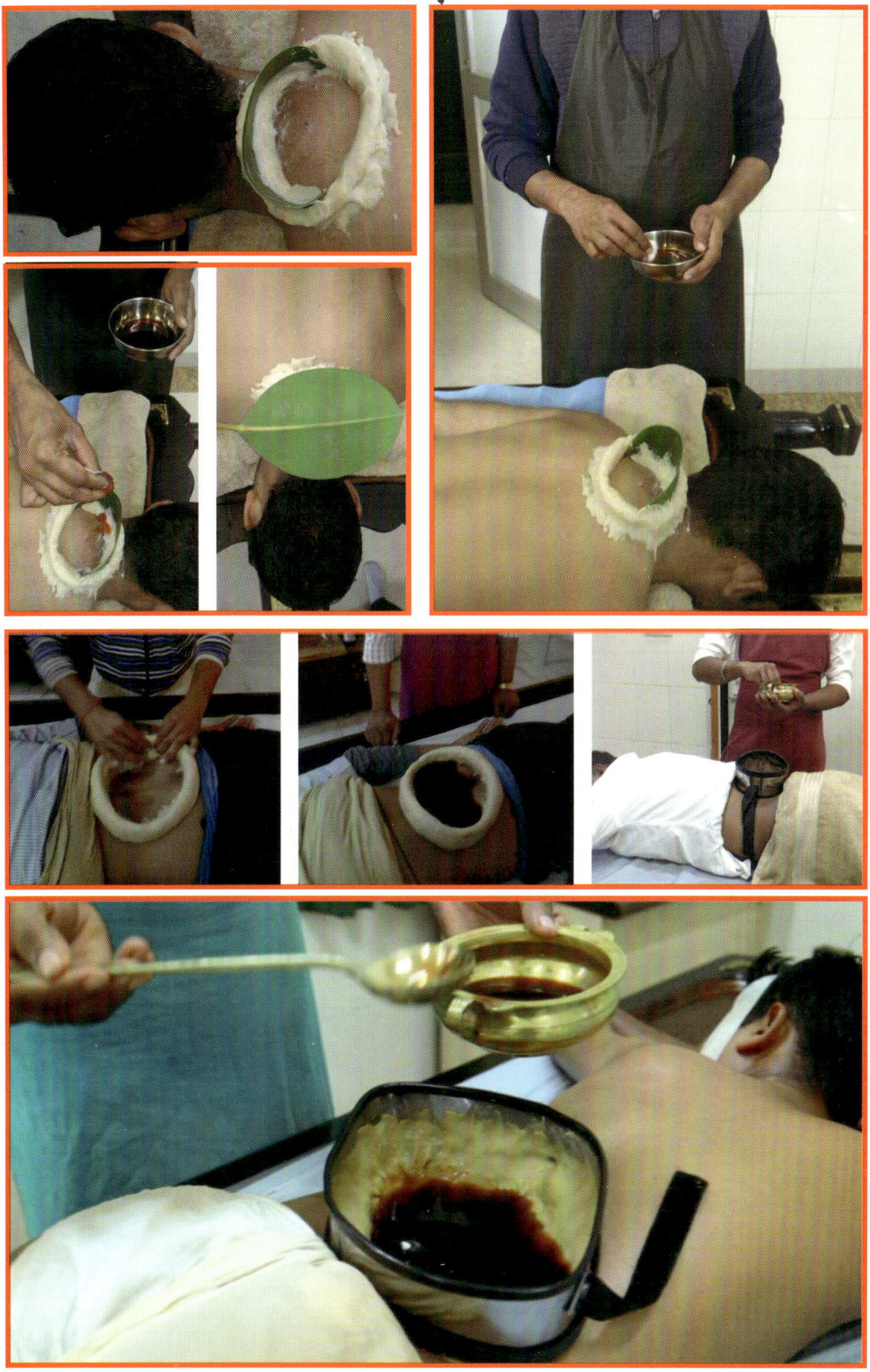

ᘓ 1 ᘔ

परिचय

पंचकर्म क्या है ?

पांच प्रकार की चिकित्सा क्रियायें पंचकर्म कहलाती है। पंचकर्म का शाब्दिक अर्थ पंच तथा कर्म है। अर्थात् पांच कर्म । कर्म को चिकित्सा के रूप में जाना जाता है। वह क्रिया जिसके द्वारा शरीर की धातुओं में साम्यावस्था उत्पन्न होती है वह चिकित्सा कहलाती है। प्रयत्न आदि चेष्टा व क्रिया कर्म कहलाती है।

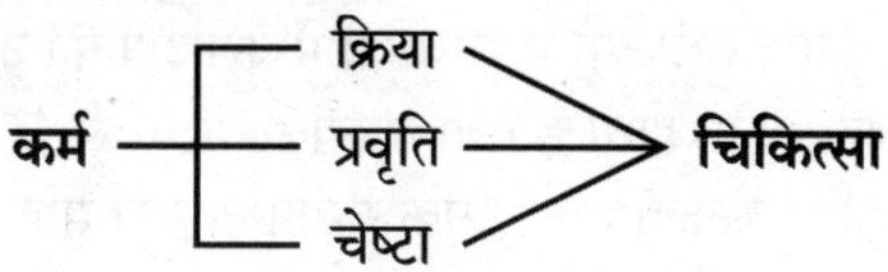

''याभिः क्रियाभि जायन्ते शारीराधातवाः समाः।
सा चिकित्सा विकाराणं कर्म ततः भिषजा स्मृतम्।। च.सू. 16/34
चतुर्णांभिषगादीनां शस्ताना धातुवैकृते।
प्रवृत्तिर्धातुसाम्यार्था चिकित्सेयाभिधीयते।। च.सू. 9/5

चिकित्सा को प्रधान रूप से 6 उपक्रमों में बांटा गया है- लंघन, बृंहण, स्नेहन, रूक्षण, स्वेदन तथा स्तंभन। लघनं को अपतर्पण तथा बृंहण को संतर्पण के रुप में जाना जाता है। लंघन उपक्रम को शोधन तथा शमन दो मुख्य कर्मों में विभाजित किया गया है। शोधन कर्म को प्रधान रूप से पंचकर्म कह सकते है। विभिन्न आचार्यों के मतानुसार शोधन कर्म की संख्या तथा क्रम में मतभेद हो सकता है। आचार्य चरक के मतानुसार पंचकर्म में पांच मुख्य कर्म तथा शोधन में चार मुख्य कर्मों का समावेश किया गया है। स्नेहन एवं स्वेदन को पंचकर्म के परिपेक्ष्य में पूर्वकर्म तथा षड्उपक्रमों में मुख्य चिकित्सा कर्म के रूप में बताया गया है।

''लंघनं बृंहणं काले रूक्षणं स्नेहनं तथा।
स्वेदनं स्तम्भनं चैव जानीते यः स वैभिषक् ।।'' च.सू. 22/4

आचार्य चरकानुसार स्नेहन एवं स्वेदन के बाद उर्ध्व तथा अध:शोधन एवं बस्तिकर्म तथा नस्यकर्म क्रमशः करने का विधान है।

''स्निग्धस्विन्नशरीराणामूर्ध्व चाधश्च नित्यशः।
बस्तिकर्म ततः कुर्योत्नस्यकर्मं च बुद्धिमान् ।।'' च.सू. 7/47
स्नेहमग्रे प्रयुजीतं ततः स्वेदमनन्तरम्।
स्नेहस्वेदोपपन्नस्य संशोधनमथेतरम् ।। च.सू. 3/99

- पंचकर्म प्युरिफिकेशन, रिजुविनेशन एवं डिटोक्सीफिकेशन चिकित्सा पद्धति के रूप में जाना जाता है।
- पंचकर्म में क्रमश: पांच [**वमन** (Therapeutic Emesis for *Kapha dosha*), **विरेचन** (Therapeutic Purgation for *Pitta dosha*), **अनुवासनबस्ति** (Therapeutic Medicated Oil enema for *Vata*), **निरुहबस्ति** (Therapeutic Decoction based enema for *Vata*) तथा **नस्य** (Therapeutic Nasal Medication for *Vata, Pitta & Kapha*)] चिकित्सकीय शोधन कर्म करवाये जाते है।
- इन पांच कर्मों के द्वारा कोष्ठ में उपस्थित दोष को निकटस्थ मार्गों से शरीर से बाहर निकाला जाता है। जिससे शरीर में दोष धातु की साम्यावस्था स्थापित होती है।
- आहार के पाक के कारण सर्वप्रथम मधुरावस्था में कफदोष की उत्पत्ति होती है तथा वसंत ऋतु में भी कफ का प्रकोप होता है तथा बाल्यवस्था, 6 से 10 बजे का प्रात:, रात का समय एवं उस प्रकुपित कफदोष को उसके समीपस्थ मार्ग मुख द्वारा बाहर निकालने की प्रक्रिया वमन कर्म कहलाती है।

''प्रथमं वमनं पश्चात् विरेकोऽनुवासनम्।
एताति पंचकर्माणि निरुहोनावन तथा।। भा.प्र.पू. ...
वमनरेचन नस्यं निरुहश्चानुवासनं
एतानि पञ्च कर्माणि कथितानि मुनीश्वरैः।।'' शा.उ. 8/63

शोधन : उर्ध्व तथा अधोमार्ग के द्वारा संचित मल को शरीर से बाहर निकालने की प्रक्रिया शोधन कर्म कहलाती है। शाङ्गर्धर के मतानुसार देवदाली फल संशोधन में श्रेष्ठ भूमिका अदा करता है।

''स्थानात् बहिर्नेयेपर्ध्वमधो वा मलसंचयम्
देहसंशोधनं तत् स्याद् देवदालीफलं यथा।। शा.पू. 4/9

आचार्य चरकानुसार संशोधन में 4 कर्मों का समावेश किया गया। अनुवासनबस्ति को बृंहण कर्म में प्रयुक्त होने के कारण शामिल नहीं किया गया अर्थात् वमन, विरेचन, निरूह एवं नस्य को चतु:संशुद्धि कहा।

''चतुष्प्रकारा संशुद्धि पिपासा मारूत आतपौ।
पाचनानि उप वासश्च व्यामाशचोति लंघनम्।। च.सू. 22/18

(वाग्भट्ट) के अनुसार शोधन में निरूह, वमन, कायविरेचन, शिरोविरेचन एवं अस्त्रविसृति को शामिल किया गया है।

''यदीरयेद्बहिर्दोषात् पञ्चधा शोधनं च तत्।
निरूहो वमन कायाशिरोरेकोऽस्त्र विसृतिः।। अ.ह.सूत्र. 14/5

आचार्य चरकानुसार दोषों को उर्ध्व भाग से निकालना वमन तथा अधोभाग से निकालना विरेचन एवं वमन तथा विरेचन दोनों शरीर मल का रेचन करने से विरेचन कहलाते है।

''तत्र दोषहरणमूर्ध्वाभागं वमन संज्ञकं अधोभाग विरेचन संज्ञकं
उभयं वा शरीरमलविरेचनात् विरेचन संज्ञां लभते ।।'' च.क. 1/4

आचार्य सुश्रुत के अनुसार क्षीणदोष को बढ़ाना, कुपित दोष को प्रशामित करना, बढ़े हुये दोष को बाहर निकालना तथा समदोषों की पालना करना चिकित्सा सिद्धांत है।

वमनादि शोधन कर्मों में दोष को बाहर निकालने की शक्ति होती है, न कि शमनकर्म में।

''दोषाः क्षीणा बृंहयितव्याः कुपिताः प्रशमयितव्याः
वृद्धा निर्हर्तव्याः समाः परिपाल्या इति सिद्धांतः ।। च.चि. 33/3

''वमनादिषु कर्मलक्षणं बहूवातिकर्तव्यता
योगि दोष निःर्हरण शक्तिज्यायस्त्वम् ।'' च.सू. 2/15, चक्रपाणी

''मूर्धसेक कायसेक पिण्डस्वेद अन्नलेपनम्
शिरोलेपश्चेति पंच केरले प्रथिता क्रियाः ।।''

केरल प्रांत की धाराकल्प नामक किताब में मूर्धसेक (शिरोधारा) कायसेक (पिडिचिल), पिण्डस्वेद (पोट्टलीस्वेद), अन्नलेप तथा शिरोलेप इन पांच क्रियाओं केरलीय पंचकर्म शब्द से जाना जाता है। ये सभी क्रियायें शमन चिकित्सा पर आधारित है। धाराकल्प पुस्तक मलायलम् भाषा में लिखी गई है जिसका हिन्दी रूपांतरण भी उपलब्ध है।

शोधन (पंचकर्म) का महत्व :

दोषाः कदाचित् कुप्यन्ति जिता लंघनपाचनैः ।
जिताः संशोधनैर्ये तु न तेषां पुनरूद्भवः ।।'' च.सू. 16/20

उपमा- ''दोषाणां च द्रुमाणां च मूलेऽनुपहतेसति ।
रोगाणां प्रसवाना च गतानामागतिर्ध्रुवा ।। च.सू. 16/21

अर्थात् रोगों के कारण प्रकुपित दोषों को लंघन एवं पाचन (शमन) चिकित्सा द्वारा जीता जा सकता है लेकिन दोष स्वप्रकोप निदान अथवा ऋतु आदि के आने पर पुनः रोग उत्पन्न करने में सक्षम हो जाते है। लेकिन संशोधन के द्वारा दोषों का शरीर से बाहर निकालने के बाद पुनः दोष रोग उत्पन्न नहीं कर पाते। जैसे वृक्ष की जड़ का नष्ट करने के बाद पुनः वृक्ष पोषित नहीं हो पाता।

''नाविशुद्धशरीरस्य युक्तो रसायनो विधीः ।
न भाति वासासि क्लिष्टे रंगयोग इवाहितः ।।'' च.चि. 27/4

अर्थात् आचार्य सुश्रुतानुसार जिस प्रकार गंदे कपड़े पर रंगाई का उचित रंग नहीं चढ़ता उसी प्रकार संशोधन के बाद ही रसायन का प्रयोग करना चाहिये। अन्यथा रसायन के गुण उचित रूप से दिखाई नहीं देते।

उपयोगिता :

(i) स्वस्थ व्यक्ति के स्वास्थ्य का अनुवर्तन तथा रोगी के रोग का निवारण करना।

(ii) दिनचर्या में (जैसे– अभ्यंग, उद्वर्तन, मूर्धतैल एवं नस्य इत्यादि)।

(iii) ऋतुचर्या में (जैसे– वमन कर्म बसंत ऋतु में, विरेचन कर्म शरद में तथा बस्तिकर्म वर्षा ऋतु में)।

(iv) अधारणीय वेगों के प्रवर्तन में (जैसे– छर्दि वेग धारण में चिकित्सार्थ छर्दन)।

(v) सद्य विष सेवन में वमन कर्म करवाना।

(vi) अष्टांग आयुर्वेद की प्रत्येक शाखा में प्रयुक्त।

(vii) कायाचिकित्सा में ज्वर से वात व्याधि तक सभी व्याधियों में चिकित्सा सूत्रों में वमन, विरेचन, स्नेहन, स्वदेन, बस्ति इत्यादि का उल्लेख किया गया है।

(viii) बाल रोग में स्तन्यदुष्टिजन्य व्याधि, कुकुणक, पारिगर्भिक, शिशु विसर्प इत्यादि रोगों में पंचकर्मों का उल्लेख किया गया है।

(ix) ग्रह रोगों में मांस्यादि क्वाथ से शिरोधारा, ब्राह्मी, शंखपुष्पी, अश्वगंधा इत्यादि की धारा एवं नस्य का उल्लेख किया गया।

(x) उर्ध्वांग तंत्र में आंख, नाक, कान एवं गले के विभिन्न रोगों में शिरोविरेचन, शिरोवस्ति, शिरोधारा, अभ्यंग एवं पिचु का उल्लेख किया गया है।

(xi) शल्यतंत्र में व्रण चिकित्सा में 60 उपक्रमों का उल्लेख किया गया है जिसमें स्नेहन, स्वेदन, वमन, विरेचन, बस्ति, नस्य तथा परिषेक आदि का वर्णन किया है।

(xii) पंचकर्म (शोधन) कर्म के बाद ही रसायन एवं वाजीकरण की औषधियाँ शरीर में अपना उचित प्रभाव दिखाती है।

(xiii) कायाग्नि अभिवर्धन।

(xiv) व्याधि का शमन करना।

(xv) स्वास्थ्य का रक्षण करना।

(xvi) मनबुद्धि का प्रसादन।

(xvii) वर्ण प्रसादन।

(xviii) बलपुष्टि।

(xix) अपत्यय कर।

(xx) जरा लक्षण देर से आते है।

(xxi) मल को बाहर निकालना।

''एवं विशुद्ध कोष्ठस्य कायाग्निरभिवर्धते।
व्याधयश्चोपशाम्यति प्रकृतिश्चानुवर्तते ।।

इन्द्रियाणि मनोबुद्धि वर्णाश्चास्य प्रसीदति।
बलं पुष्टिरपत्ये च वृषता चास्य जायते ।।
जरां कृच्छेण लभते चिरं जीवत्यनामयः।
तस्मात् संशोधन काले युक्तियुक्त पिबेत्नरः ।। च.सू. 16/17-19
मलापहं रागेहरं बलवर्णप्रसादनम्।
पीत्वा संशोधनं सम्यक्आयुषा युज्यते चिरम्।। च.सू. 15/22

पूर्वकर्म : पंचकर्म अर्थात् प्रधान शोधन कर्म से पूर्व किये जाने वाले कर्म पूर्वकर्म के रूप में जाने जाते है। पूर्व कर्म में पाचन, दीपन, स्नेहन तथा स्वेदन कर्मों को शामिल किया गया है।

''**पाचनैदीपनैः स्नेहैस्तान् स्वेदैश्च् परिष्कृतान्।**
शोधयेत् शोधनैः काले यथासन्नं यथाबलम्।। अ.ह.सू. 13/29

स्नेहन एवं स्वेदन को षड् उपक्रमों में मुख्य कर्म के रूप में भी शामिल किया गया है।

पूर्व कर्म का महत्व :

- पाचन एवं दीपनकर्म के द्वारा संचित आम दोष को समाप्त किया जाता है।
- स्नेहन तथा स्वेदन कर्म के द्वारा रोग की सम्प्राप्ति विघटन की प्रारम्भिक प्रक्रिया शुरू हो जाती है। इन दोनों कर्मों के माध्यम से शाखागत दोषों को कोष्ठआश्रित किया जाता है।
- षट्क्रियाकाल

संचय ⟶ प्रकोप ⟶ प्रसर ⟶ स्थानसंश्रय ⟶ व्यक्तावस्था ⟶ भेदावस्था
निदान ⟶ पूर्वरूप ⟶ रूप ⟶ उपशय

- 'सर्वदा सर्वभावानां सामान्यं वृद्धिकारणम्' सिद्धांत द्वारा शाखागत दोषों को कोष्ठगत लाने वाले कारण तथा स्नेहन एवं स्वेदन के गुणों में समानता होती है। अतः स्नेहन एवं स्वेदन कर्मों द्वारा दोषों को शाखा से कोष्ठगत किया जाता है। एवं कोष्ठ आश्रित दोषों को उनके निकटस्थ मार्ग द्वारा पंचकर्म विधियों द्वारा बाहर निकाल दिया जाता है।
- स्नेहन से वायु का नाश होता है, देह मल के संग का नाश होता है। स्रोतो में लीन दोष को द्रवीकृत कर स्वेदन द्वारा बाहर लाया जाता है।

''**वृद्धया विष्यन्दनात् पाकात् स्त्रोतो मुख विशोधनात्।**
शाखा मुक्त्वा मलं कोष्ठ यांति वायोश्च निग्रहात्।।'' च.सू. 28/47

''**स्नेहनं स्नेह विष्यन्द मार्दवं क्लेद कारकम्।** च.सू. 22/11

''**स्तम्भगौरवशीतघ्ने स्वेदनं स्वेदकारकम्।** च.सू. 22/11

'' **स्नेहोऽनिलं हन्ति मृदुकरोति देहमलानां।**

''**स्निग्धस्य सूक्ष्मेषु अयनेषु लीन दोषं स्वेदस्तु नयति द्रवत्व ....** च.सि.1/8

पश्चात् कर्म:

प्रधान कर्म (पंचकर्म) के बाद पश्चात् कर्म नितान्त आवश्यक है। पंचकर्म (मुख्यत: वमन एवं विरेचन) के बाद जठराग्नि मंद हो जाती है। इस मंद जठराग्नि को प्रदीप्त करने के लिये यथापूर्व लघु अर्थात् उत्तरोतर गुरू आहार (पेयादि) की कल्पना की जाती है इसे संसर्जन क्रम भी कहते है। इस पश्चात् कर्म से जठराग्नि स्थिर, महान तथा सर्वपच हो जाती है।

पेया विलेपीमकृतं कृतं च यूषंरसं त्रिद्विरथेकक्श्च ।
क्रमेण सेवेत विशुद्धकायः प्रधानमध्यावरशुद्धिशुद्धः ।। च.सि.1/11

यथाऽणुरग्निः तृणगोमयाद्यैः संधुक्ष्यमाणो भवतिक्रमेण ।
महान् स्थिरः सर्वपचः तथैव शुद्धश्च पेयादिभिरन्तरग्निः ।। च.सि.1/12

৩ 2 ৫

स्नेहन कर्म

व्युत्पत्ति, परिभाषा तथा स्नेहन :

व्युत्पत्ति– स्नेह द्रव्य शब्द की व्युत्पत्ति स्निग्ध धातु में 'धत्' प्रत्यय करने से हुई है। स्नेहन (क्रियात्मक) शब्द की व्युत्पत्ति स्निह् धातु में णिच्–ल्युट् प्रत्यय करने से होती है।

परिभाषा– स्नेहन का अर्थ स्निग्धता उत्पन्न करना है। जो क्रिया शरीर में मृदुता उत्पन्न करें तथा शरीर को रूक्षता दूर करे उसे स्नेहन कहते है।

"**स्नेहनं स्नेह विष्यंद मार्दवं क्लेदकारकम्।**" च.सू. 22/11

आचार्य चरक के अनुसार जिस क्रिया के द्वारा स्नेह भाग में वृद्धि होती है, विष्यन्दन होता है, मृदुता उत्पन्न होती है तथा शरीरगत क्लेद की वृद्धि होती है उसे स्नेहन कहते है। आचार्य चक्रपाणि ने विष्यन्दन का अर्थ विलयन बताया है।

आचार्य चरक कहते हैं कि स्नेह जीवन, आभा, बल, पोषण आदि देने वाला तथा शरीर में असाम्यावस्था में व्याप्त त्रिदोषों को शरीर से बाहर निकालने वाला होता है। यह शरीर में स्नेहत्व, मार्दवत्व, विष्यन्दता तथा क्लेदता उत्पन्न करता है। स्रोतसो से मल का अवरोध दूर करता है। वर्ण तथा बल की उत्पत्ति कराता है। आचार्य सुश्रुत ने स्नेह को मानव शरीर का सार बताया है और शरीर बल शरीरस्थ स्नेह पर आधारित बताया है। अतः यह कहा जा सकता है कि स्नेह द्रव्य जीवनप्रद होते है।

स्नेह के प्रकार, उपयोगिता तथा विविध स्नेह योनियाँ :

स्नेह द्रव्यों के प्रकार– योनि भेद (उत्पत्ति) के आधार पर–

(अ) स्थावर स्नेह (पेड़–पौधों से प्राप्त होने वाले)

उदाहरण–	तिल	चित्रक	मूलक	सरसों	प्रियाल
	हरीतकी	एरण्ड	महुआ	बहेड़ा	कूष्माण्ड
	अलसी	सरल	अखरोट	करंज	किंशुक
	अरूष्क	सहिजन	नीलगिरि	कुकुंभ	दन्ती
	तुवरक	भिलावा			

तैल की उपयोगिता–

प्रायः पंचकर्म की समस्त विधाओं में तैल का प्रयोग किया जाता है। यथा– अनुवासन वस्ति, अभ्यंग, परिषेक, अवगाहन, शिरोधारा, शिरोवस्ति, कर्णपूरण, अक्षिपूरण, पादाभ्यंग, शिरोभ्यंग आदि।

तैल का सम्बन्ध मुख्यत: वातहर द्रव्यों से होता है तथा इसे श्रेष्ठ माना गया है। संयोग तथा संस्कार के पश्चात् तैल से समस्त व्याधियों का उपचार किया जा सकता है। विविध प्रकार के तैलों का उत्पादन कर उनके विविध प्रयोग किये जा सकते है यथा बस्ति हेतु; आभ्यांतर प्रयोगार्थ, कर्ण तथा अक्षि पूरण; वात शमनार्थ भोजन तथा पान के रूप में तैल का प्रयोग किया जा सकता है। धातु प्रीणन कर्म होने के कारण तैल अभ्यंग, अवगाहन तथा परिषेक हेतु सर्वश्रेष्ठ माना गया है। उदर कृमि, अत्यधिक मेद (मेदस्वी पुरुष), भगंदर, नाड़ी व्रण तथा दुबले होने के आकांक्षी लोगों के लिए तैल हितकर परन्तु कुष्ठ में इसका प्रयोग वर्जित है।

तिल तैल– शास्त्रीय आधार पर तिल तैल सूक्ष्म, तीक्ष्ण, व्यवायी, विशद, गुरु, सर तथा विकासी गुण वाला होता है। तिल तैल का रस स्वाद (मधुर) तथा अनुरस कषाय होता है। उष्ण गुण होने के कारण यह वात का शमन करता है, पित्त दोष की वृद्धि करता है परन्तु कफ की वृद्धि नहीं करता। पित्तवर्धक गुण होने के कारण, तिल तैल अग्नि को बढ़ाता है तथा स्त्रोतोशुद्धि करता है। यह शक्ति प्रदान करता है, बुद्धि बढ़ाता है तथा त्वचा को कान्ति प्रदान करता है।

आभ्यांतर तथा बाह्य स्नेहन हेतु महत्वपूर्ण तैल–

- महानारायण तैल
- एरण्ड तैल
- बाकुची तैल
- बला तैल
- जात्यादि तैल
- चालमोगरा तैल
- महाविषगर्भ तैल
- करंज तैल
- निर्गुण्डी तैल
- मध्यम–नारायण तैल
- कुंमकुमादि तैल
- प्रसारिणी तैल
- अश्वगंधा तैल
- महा भृंगराज तैल
- श्रीगोपाल तैल
- वृहत सैन्धवादि तैल
- श्रीपर्णी तैल
- इरिमेदादि तैल
- नीम तैल
- दशमूल तैल
- ज्योतिष्मती तैल
- पंचगुण तैल
- चंदन बला लाक्षादि तैल
- कासीसादि तैल
- षड़बिन्दु तैल
- नारायण तैल
- महामाष तैल

(ब) जांगम स्नेह (जानवरों से प्राप्त होने वाले)

ये है– घृत, वसा तथा मज्जा।

गो घृत सर्वश्रेष्ठ माना जाता है। समस्त स्नेह द्रव्य पृथ्वी तथा जल महाभूत भूयिष्ठ होते है तथा स्नेह के गुण चक्षु ग्राह्य होते है। स्नेह द्रव्य मे द्रव, सूक्ष्म, सर, स्निग्ध, पिच्छिल, गुरु, शीतल, मंद, मृदु आदि भौतिक गुण होने चाहिए।

स्नेहन हेतु महत्वपूर्ण घृत–

- अशोक घृत
- जात्यादि घृत
- पंचतिक्त घृत गुग्गुल
- सुकुमार घृत
- अश्वगंधा घृत
- महातिक्त घृत
- शतावरी घृत
- त्रिफलादि घृत
- ब्राह्मी घृत
- पंचतिक्त घृत
- कुमारकल्याण घृत
- फल घृत
- मधुयष्टी घृत
- कामदेव घृत

महत्वपूर्ण बिन्दु–

(1) अश्वगंधा घृत, कामदेव घृत तथा नारायण तैल का स्नेहपान शुक्राणु नाश की अवस्था में कराया जाता है। अश्वगंधा घृत की मात्रा 50 ml से शुरू कर 200 ml तक, तथा नारायण तैल को 25 ml से प्रारम्भ कर 150 ml तक दी जानी चाहिये, तत्पश्चात् पंचकर्म प्रारम्भ करना चाहिये।

(2) Psoriasis (त्वगामय) की अवस्था में 777 तैल आधा-आधा चम्मच सुबह शाम दुग्ध के साथ देना चाहिये।

(3) कुलत्थादि घृत का प्रयोग अस्थिक्षय (osteophytic condition) को अवस्था में करना चाहिये।

(4) आमवात की चिकित्सा हेतु सुकुमार घृत तथा महानारायण तैल का प्रयोग करना चाहिये। तत्पश्चात् पंचकर्म का प्रयोग करना चाहिये।

(5) मन:शिलादि घृत का प्रयोग eosinophillia की अवस्था में पानार्थ करना चाहिये तथा तमक श्वास की अवस्था में इसका बाह्य प्रयोग करना चाहिये।

(6) शतावरी घृत, तिक्त घृत तथा जात्यादि घृत का पान अम्लपित्त की अवस्था में करवाकर तत्पश्चात् पंचकर्म का प्रयोग करे।

(7) Psoriasis की अवस्था में पंचतिक्त घृत का पान बहुत लाभकारी है। इसके पश्चात् पंचकर्म का प्रयोग कराया जाना चाहिये।

कर्मानुसार–

(1) **विरेचनीय स्नेह–** तिल्वक, सप्तला, एरण्ड, कोशाम्र, दन्ती, द्रवन्ती, शंखिनी, पलाश, विषाणिका, गवाक्षी, कम्पिल्लक, शम्पाक, नीलिनी

(2) **शिरोविरेचनीय–** विडंग, मधुशिग्रू, सूरवल्ली, पीलू, सिद्धार्थक, ज्योतिष्मती।

(3) **वमनीय स्नेह–** कृतवेधन, इक्ष्वाकु, धामार्गव, मदनफल, जीमूतक, कुटज।

मिश्रण के आधार पर विविध स्नेह–

यमक – दो स्नेहों का मिश्रण

त्रिवृत्त – तीन स्नेहों का मिश्रण

महा – चारों स्नेहों का मिश्रण

मात्रा के आधार पर–

(1) **ह्रसीयसी मात्रा (परीक्षण मात्रा)–** इस मात्रा का प्रयोग अज्ञात कोष्ठ की अवस्था में किया जाता है तथा इसका पाचन दो प्रहर (6 घण्टे) में हो जाता है। इसके कोई दुष्प्रभाव नहीं होते हैं। इस मात्रा का प्रयोग प्रारम्भ में रोगी के दोष, देश, काल तथा सात्म्य की परीक्षा करने के बाद किया जाना चाहिये। स्नेह की मात्रा रोगी की अग्नि के अनुसार धीरे-धीरे बढ़ाई जानी चाहिये।

(2) **ह्रस्व मात्रा–** इसके भी दुष्प्रभाव नहीं होते। स्नेह की मात्रा शरीर में देर तक विद्यमान रहती है। इसका प्रयोग स्नेहन तथा बृंहण हेतु किया जाता है। यह शक्तिप्रद होती है। यह बालकों, सुकुमार, सुखग्राही, मंदाग्नि, जीर्ण ज्वर, जीर्ण अतिसार, कास, कृश तथा दुर्बल रोगियों में हितकर होती है।

(3) **मध्यम मात्रा–** इसका पर्याय 'मंदविभ्रंशा' भी है। इससे दुष्प्रभाव उत्पन्न नहीं होते। शरीर का स्नेहन आसानी से हो जाता है। बल का ह्रास नहीं करता। शोधनार्थ इसका प्रयोग किया जाता है। इसका प्रयोग अरूषक, स्फोट, पीड़िका, कण्डू, पामा, कुष्ठ, प्रमेह, वातरक्त, मृदु कोष्ठ, जो अधिक नहीं खा सकते, मध्यम बल वाले, अरूचि, विचर्चिका, विष, उरूस्तम्भ आदि में किया जाना चाहिये।

(4) **प्रधान मात्रा–** इसे उत्तम या महान मात्रा भी कहते है। यह सद्यः स्नेह कराती है। शरीर के समस्त रोगमार्गों में स्थित व्याधियों का नाश करती है। यह दोषों का अनुकर्षण करती है। बल्य होती है। मनोरोगों का नाश करती है। शमनार्थ इसका प्रयोग किया जाता है।

यह आगे वर्णित रोगों तथा अवस्थाओं में लाभकारी है– जो व्यक्ति अधिक स्नेह का प्रयोग करता हो, जो क्षुधा तथा तृष्णा का वेग न धारण कर सकता हो, जिसकी अग्नि दीप्त हो, जो बलवान हो, गुल्म, सर्पदंश, विसर्प, उन्माद, मूत्रकृच्छ्, गाढ़वर्च/विबन्ध, अल्प धृति आदि।

अवशोषण (Assimilation) के आधार पर भेद (सुश्रुतानुसार) –

	पाचन समय	कार्य
(1)	1 प्रहर (¼ दिन, 3 घण्टे)	अग्निवर्धक, पाचक तथा कम विगुणित दोषों में प्रयोज्य
(2)	2 प्रहर (½ दिन, 6 घण्टे)	वृष्य/वृहण, मध्यम विगुणित दोषों में प्रयुक्त
(3)	3 प्रहर (¾ दिन, 9 घण्टे)	स्नेहन के रूप में प्रयुक्त तथा अति विगुणित दोषों में प्रयोज्य
(4)	4 प्रहर (1 दिन, 12 घण्टे)	सर्वश्रेष्ठ मात्रा, ग्लानि, मद तथा मूर्छा नहीं लाती

(5) 8 प्रहर (1 दिन व रात, 24 घण्टे)	विष, कुष्ठ, उन्माद, ग्रह तथा अपस्मार में प्रयोज्य।

पाचन के आधार पर भेद–

(1) प्रधान मात्रा – 8 याम में पाचन होता है, अर्थात् पूरा दिन तथा रात (24 घण्टे)

(2) मध्यम मात्रा – 4 याम (1 दिन, 12 घण्टे) में पाचन होता है।

(3) ह्रस्व मात्रा – 2 याम (½ दिन, 6 घण्टे) में पाचन होता है।

कर्मानुसार स्नेह के भेद–

(1) **शमन स्नेह–** उत्तम मात्रा में प्रयोग किया जाता है। आचार्य चरक ने शमन कर्म हेतु प्रधान मात्रा का प्रयोग बताया तथा आचार्य वाग्भट्ट ने मध्यम मात्रा का प्रयोग बताया है। रात्रि का भोजन पच जाने के पश्चात्, सुबह खाली पेट, भूख लगने पर रोगी को इस स्नेह को देना चाहिये।

(2) **शोधन स्नेह–** इसे मंदविभ्रंशा भी कहते है। मध्यम मात्रा का प्रयोग किया जाता है परन्तु आचार्य वाग्भट्ट ने उत्तम मात्रा का प्रयोग बताया है। इसका प्रयोग पूर्व में किये गये भोजन के पाचन के उपरान्त किया जाता है।

(3) **वृंहण स्नेह–** ह्रस्व मात्रा का प्रयोग किया जाना चाहिये। इससे वृष्य कर्म भी सम्पादित हो सकता है। उस मात्रा का प्रयोग किया जाना चाहिये जिसका पाचन अर्द्ध दिवस में हो जाये। बालकों में मांसरस के अनुपान के साथ प्रयोग किया जा सकता है।

पाक के अनुसार भेद–

पाक	सुश्रुत	चरक	शार्ङ्गधर
मृदु	भोजन, पान	नस्य	नस्य
मध्यम	नस्य, अभ्यंग	भोजन	सर्वकर्म
खर	बस्ति, कर्णपूरण	अभ्यंग	अभ्यंग

प्रयोग के आधार पर–

(a) आभ्यांतर स्नेह, (b) बाह्य स्नेह

(a) **आभ्यांतर स्नेह–** विविध शोधन कर्मों में स्नेहन का पूर्वकर्म के रूप में प्रयोग होता है। स्नेहन कर्म द्वारा अधोलिखित कर्मों का सम्पादन होता है- (1) द्रवीकरण (2) विलयनीकरण (3) इससे शाखाओं में स्थित दोष महास्त्रोतस में आ जाते है।

स्नेहपान के पूर्व तथा पश्चात् रोगी को सम्यक् आहार लेना चाहिये। जो कि सम्यक मात्रा में हो, उष्ण हो, अभिष्यंदी न हो, ज्यादा स्नेह न हो। स्नेहपान के समय (पूर्व तथा बाद

में) उष्ण जल (नागरधान्याम्बु) का सेवन करना चाहिये। ब्रह्मचर्य का पालन करें, दिवास्वप्न का त्याग करें। धूल, प्रवात तथा धूप तथा शीत से बचें। क्रोध व शोक का त्याग करे।

स्नेहन का प्रकर्ष काल–

स्नेहन का प्रकर्ष काल 3–7 दिन का है। 7 दिन के बाद स्नेह शरीर को सात्म्य हो जाता है। सप्त धातुओं का पोषण करने लगता है। स्नेहपान का काल रोगी के कोष्ठ पर निर्भर करता है।

मृदु कोष्ठ – 3 दिन

मध्यम कोष्ठ – 5 दिन

क्रूर कोष्ठ – 7 दिन

स्नेहपान की मात्रा – 50 ml– 200 ml तक

स्नेहन काल–

स्नेहन कर्म साधारण काल में कराया जाना चाहिये। परन्तु आत्ययिक अवस्था में ग्रीष्म ऋतु में रात्रि में तथा शीत ऋतु में दिन में स्नेहपान कराया जाना चाहिये। इसी प्रकार वात–पित्तज रोगों में रात्रि में तथा कफज रोगों में दिन में स्नेहपान कराया जाना चाहिये। ऐसा न करने से दुष्प्रभाव उत्पन्न होते हैं।

वात पित्तज व्याधियों में उष्ण काल में दिन में तैल का प्रयोग करने से मूर्च्छा, पिपासा, उन्माद तथा कामला रोग उत्पन्न हो सकते है।

कफज व्याधियों में शीतकाल तथा रात्रि में स्नेहपान कराने से दाह, अरूचि, उदरशूल, पाण्डु तथा पार्श्वशूल होने का भय होता है।

ऋतु के अनुसार स्नेह प्रयोग–

घृत – शरद ऋतु

मज्जा – बसन्त ऋतु (माधव)

वसा – बसन्त ऋतु (माधव)

तैल – प्रावृट् ऋतु

बाह्य स्नेहन– अभ्यंग, उद्वर्तन, मूर्ध तैल, लेप, अक्षितर्पण, मर्दन, नासा तर्पण, पादाघात, कर्ण पूरण, मस्तिष्क्य, संवाहन, अवगाहन, गण्डूष।

अभ्यंग–

व्युत्पत्ति– अभ्यंग शब्द की व्युत्पत्ति 'अंग' धातु से होती है जिसका अर्थ है गति। 'अंग' धातु में 'अभि' उपसर्ग लगाने अभ्यंग शब्द बनता है।

परिभाषा– अभ्यंग एक बाह्य स्नेहन का प्रकार है। इसका अर्थ गति करना। घृत, तैल आदि को त्वचा पर लगाने के पश्चात् घर्षण आदि करने से उनका अवशोषण शीघ्रता से हो जाता है। प्रकृति, सात्म्य, ऋतु, देश एवं दोष के अनुसार तैल एवं घृत आदि का प्रयोग करना चाहिये।

अभ्यंग का उद्देश्य– अभ्यंग का प्रयोग रोगियों में दो उद्देश्यों की पूर्ति हेतु किया जाता है–

(1) विविध रोगों की उत्पत्ति होने से रोकने तथा स्वास्थ्य की अवस्था बनाये रखने हेतु अभ्यंग का प्रयोग निरन्तर किया जा सकता है।

(2) विशेष चिकित्सा के रूप में निश्चित कालावधि हेतु भी अभ्यंग का प्रयोग किया जा सकता है। इससे दो उद्देश्यों की पूर्ति होती है–

- जरावस्था रोकने हेतु
- रोगों का नाश करने हेतु

उपयोगिता–

अभ्यंग से शरीर अवयवों की संख्या में वृद्धि होती हैं, त्वचा की आभा बढ़ती है, वात दोष तथा व्याधियों का शमन होता है, क्लेश सहत्व उत्पन्न होता है। व्यक्ति यदि स्वयं को स्वस्थ रखना चाहता है तो उसे प्रतिदिन अभ्यंग करना चाहिये। शास्त्रों में अभ्यंग का वर्णन दिनचर्या में भी किया गया है। व्यायाम करने से पूर्व अभ्यंग का बहुत महत्व है। अभ्यंग की महिमा का वर्णन विविध उदाहरणों से इस प्रकार किया गया है– जिस प्रकार चमड़े तथा पहिये की धुरी पर तैल लगाने से वह मजबूत होता है उसी प्रकार अभ्यंग का प्रभाव शरीर पर भी पड़ता है। त्वचा दाढ़र्यकर होता है तथा वात रोगों की उत्पत्ति नहीं होती है। शरीर में थकावट उत्पन्न नहीं होती है। जिस प्रकार एक पेड़ की जड़ में पानी डालने से पेड़ लम्बे समय तक जीवित रहता है तो वह फलता–फूलता है उसी प्रकार यदि अभ्यंग से शरीर का स्नेहन निरन्तर किया जाये तो व्यक्ति लम्बे समय तक जीवित रहता है तथा उसे रोगों का भय नहीं होता है।

अभ्यंग से लाभ–

(1) **जराहर–** इससे जरावस्था लक्षण उत्पन्न नहीं होते है। अभ्यंग शरीर धातुओं की पुष्टि तथा वृद्धि कराता है।

(2) **दृष्टि प्रसादकर–** आँखों की रोशनी बढ़ाता है। वृद्धावस्था के कारण होने वाले तिमिर आदि रोग नहीं हो पाते है तथा यह उन्हें ठीक भी करता है।

(3) **वातहर–** यह वात दोष से उत्पन्न होने वाले विकारों से रक्षा तथा उनका शमन भी करता है। अभ्यंग से वात के सामान्य कार्यों का सम्यक् रूपेण सम्पादन होने में मदद होती है।

(4) **श्रमहर–** यह रोजमर्रा के कार्यों से होने वाली थकावट को दूर करता है।

(5) **आयुष्कर–** यह आयु का वर्द्धन करता है। शरीर के महत्वपूर्ण अंगों तथा अवयवों की कार्यक्षमता को बढ़ाकर यह आयु को बढ़ाता है।

(6) **स्वप्नकर–** यह निद्राकर होता है अत: अनिद्रा तथा मानसिक रोगों की अवस्था में हितकारी होता है।

(7) **त्वक दाढ़र्यकर–** शारीरिक दुर्बलता तथा वृद्धावस्था के कारण जो व्यक्ति व्यायाम नहीं कर सकते उनके लिये यह एक परोक्ष व्यायाम जैसा कार्य करता है। त्वचा में दाढ़र्यता उत्पन्न करता है तथा शरीर बलवान होता है।

(8) **पुष्टिकर–** यह पोषण में सहायक होता है। यह शरीर की समस्त सप्त धातुओं का पोषण करता है।

(9) **क्लेश–सहत्व–** अभ्यंग से उत्पन्न बल के कारण शरीर जीवन के क्लेशों को सहन करने में सक्षम हो जाता है।

(10) **वर्ण–बलप्रद–** अभ्यंग त्वचा के वर्ण का प्रसादन कर आभा प्रदान करता है। यह बलप्रद भी होता है।

(11) **अभिघात सहत्व–** जो व्यक्ति नित्य अभ्यंग करते है उनमें आघात वैसे प्रभाव उत्पन्न नहीं कर पाता जैसे कि नित्य अभ्यंग न करने वाले व्यक्तियों में उत्पन्न होते है।

(12) **कफ–वात निरोधन–** आचार्य सुश्रुत के अनुसार अभ्यंग से वात तथा कफ दोनों का नियमन तथा नियंत्रण होता है।

मुख्य बिन्दु–

- मध्यम नारायण तैल का अभ्यंग सन्धिवात (मुख्यत: अस्थिक्षय की अवस्था में) तथा वात विकारों (विशेषत: ऊर्ध्व–जत्रुगत क्षेत्र में) में लाभकारी होता है।
  - मांस शोष तथा Lumbar Spondylthiasis (रीढ़ की हड्डी में सूजन) की अवस्था में अश्वगंधा तैल तथा महामाष तैल का प्रयोग हितकर होता है।
- पैरों के संधियों की व्याधियों में नारायण तैल हितकर है।
- दीर्घकालीन सन्धिवात तथा वात व्याधि की अवस्था में महानारायण तैल का प्रयोग लाभदायक सिद्ध होता है।

अभ्यंग की कार्मुकता–

आचार्य उल्हण के अनुसार जब स्नेहन औषध तैल के साथ किसी धातु में अवशोषित होती है तो वह उस धातुगत रोग का शमन करती है। आचार्य चरक के अनुसार स्पर्शनेन्द्रिय में वात की प्रधानता होती है तथा स्पर्शनेन्द्रिय त्वचा में स्थित होती है। अभ्यंग त्वचा के लिये बहुत हितकारी है अत: व्यक्ति को नित्य अभ्यंग करना चाहिये। इन्द्रियाँ मस्तिष्क के सन्निकट ही रहती है अत: यदि इन्द्रियाँ स्वस्थ रहेगी तो मस्तिष्क स्वत: ही स्वस्थ रहेगा। इस प्रकार अभ्यंग शरीर तथा मस्तिष्क को स्वस्थ रखने में सहायक होता है।

अभ्यंग में प्रयुक्त औषधियों में स्नेह/स्निग्ध गुण होता है। यह गुण वात का विरोधी गुण होता है तथा इसी आधार पर यह औषधियाँ कार्य करती हैं। स्नेहन औषधियों के विविध गुणों के आधार पर अभ्यंग की कार्य करने की विधि निम्न प्रकार से समझी जा सकती हैं-

(1) **गुरु गुण-** यह शरीर बल तथा कफ की वृद्धि करता हैं। आचार्य हेमाद्रि के अनुसार यह शरीर का पोषण करता है। आचार्य भावप्रकाश के अनुसार इसमें वातहर, कफकर तथा पुष्टिकर गुण होते हैं। इन गुणों के कारण यह प्रकुपित वात का शमन करता है, क्षीण कफ का वर्द्धन करता है तथा शरीर का पोषण करता है।

(2) **स्निग्ध गुण-** स्नेहन औषधि का मुख्य गुण स्निग्ध गुण होता हैं। स्निग्ध गुण अपने वातहर, कफकर तथा वृष्य गुणों के आधार पर कार्य करता हैं। यह शरीर के कोशिकीय स्तर पर स्नेहन, क्लेदन तथा विष्यन्दन कार्य करता हैं।

(3) **मृदु गुण-** मृदु का अर्थ होता है कोमल। यह कठिन गुण का विलोम होता है। इसी गुण के आधार पर यह शरीर की जकड़ाहट को दूर करता है।

(4) **शीत गुण-** यह उत्साह तथा आनन्द की वृद्धि कर मस्तिष्क को स्वस्थ रखता है। यह मूर्च्छा आने से रोकता है तथा स्वेद को कम करता है। इस आधार पर अंगों तथा मांसपेशियों को स्थिरता प्रदान करता है।

(5) **द्रव गुण-** द्रव गुण के आधार पर स्नेहन औषध शरीर में शीघ्रता से फैल जाती है। यह दोषों का विलयनीकरण करता हैं तथा उनमें चल गुण उत्पन्न करता है।

(6) **पिच्छिल गुण-** यह शरीर बल की वृद्धि करता है तथा आण्वीय स्तर पर स्थिरता प्रदान करता हैं। यह कफ की वृद्धि करता है तथा गुरूता उत्पन्न करता है।

(7) **मन्द गुण-** इस गुण के आधार पर स्नेहन औषध दोष, धातु तथा मल के सम्पर्क में दीर्घ काल तक रहती है।

(8) **सूक्ष्म गुण-** इस गुण के आधार पर स्नेहन औषध सूक्ष्म स्त्रोतसों में भी प्रविष्ट हो जाती हैं।

(9) **सर गुण-** सर का अर्थ है गति। यह गुण दोषों तथा मलों में सरता या गति उत्पन्न करता है।

उपरोक्त गुणों के आधार पर अभ्यंग कार्य करता है। चूँकि उपरोक्त वर्णित गुण वात का शमन करते है अत: अभ्यंग वात प्रधान व्याधियों की चिकित्सा में महत्वपूर्ण योगदान करता है। अभ्यंग में हाथों के द्वारा त्वचा पर स्थित दाब बिन्दु तथा उष्मा बिन्दुओं को घषर्ण द्वारा उत्तेजित किया जाता है। सर्वप्रथम घर्षण द्वारा त्वचा में तापक्रम की वृद्धि होती है जिससे त्वचा में में स्थित रक्त वाहिनीयों में विस्कारण होता है एवं स्वेद का प्रादुर्भाव होता है। स्वेद में स्थित जलीयांश तथा तैल की क्रिया होकर क्लेद (Emulsification) बनता है जिसका कोशिकाओं द्वारा आचूषण किया जाता है।

Pharmocodynamics of *Abhyang*–

धातु स्तर पर अभ्यंग का प्रभाव–

आचार्य उल्हण ने अभ्यंग के काल के अनुसार उसके प्रभावों का वर्णन किया हैं। विविध स्तरों पर तैल रहने की अवधि इस प्रकार हैं–

	धातु	कालावधि
(1)	रोम कूप	300 मात्रा
(2)	त्वचा, रस	400 मात्रा
(3)	रक्त	500 मात्रा
(4)	मांस	600 मात्रा
(5)	मेद	700 मात्रा
(6)	अस्थि	800 मात्रा
(7)	मज्जा	900 मात्रा

अभ्यंगार्थ आयु– अभ्यंग हेतु आयु का बंधन नही है। यह सभी आयु वर्गों में किया जा सकता है। जीर्णान्न अवस्था मे करवाना चहिये।

अभ्यंग की विधियाँ– अभ्यंग सदैव सुखोष्ण तैल या घृत से किया जाना चाहिये जिसमें प्रयुक्त औषधियों का चयन ऋतु, प्रकृति, रोग, दोष आदि के अनुसार किया जाना चाहिये। अभ्यंग धीरे-धीरे तथा रोमों की दिशा अर्थात् रोमों के अनुलोम गति में किया जाना चाहिये। विशेषत: सिर, पाद तथा कानों में प्रतिदिन अभ्यंग करना चाहिये। सिर पर अभ्यंग हेतु ठंडा या सुखोष्ण तैल का प्रयोग करना चाहिये। चूँकि सिर इन्द्रियों का स्थान है तथा इसकी गणना शरीर के महत्वपूर्ण अंगों मे की जाती है अत: इसकी उष्णता से रक्षा करनी चाहिये। हस्त-पाद में अभ्यंगार्थ उष्ण तैल का प्रयोग करना चाहिये। इसी प्रकार शीत ऋतु में उष्ण तैल का तथा उष्ण ऋतु में ठंडे तैल का प्रयोग अभ्यंगार्थ किया जाना चाहिये। शरीर के दीर्घ अंगों पर अनुलोम गति में तथा सन्धियों पर (यथा- कर्पूर, कंधे, जानु, गुल्फ आदि) पर वलयाकार गति में अभ्यंग किया जाता है। अभ्यंग हेतु निम्न सात अवस्थायें निर्दिष्ट की गई हैं–

(1) पाँव सीधा रखकर बैठकर
(2) पीठ के बल लिटाकर
(3) वाम पार्श्व पर लिटाकर
(4) वक्ष-उदर के बल लिटाकर
(5) दक्षिण पार्श्व पर लिटाकर
(6) पुन: पीठ के बल लिटाकर
(7) पुन: बैठाकर।

उपरोक्त अवस्थाओं में क्रमश: अभ्यंग किया जाना चाहिये।

- सर्वप्रथम चिकित्सक को रोगी के साथ मित्रवत व्यवहार करना चाहिये।
- चिकित्सक को अभ्यंग के समय अपना ध्यान केन्द्रित रखना चाहिये इससे यदि कोई परेशानी होती है तो उसे तुरन्त बन्द करना चाहिये।
- अभ्यंग के समय चिकित्सक को Apron पहनना चाहिये तथा हाथों में अँगूठी आदि नहीं पहनना चाहिये। स्वच्छता का विशेष ध्यान रखना चाहिये।
- साफ तथा गर्म हाथों से अभ्यंग की शुरूआत करनी चाहिये।
- बिस्तर/टेबल आरामदायक होनी चाहिये तथा ठोस आधार पर प्लास्टिक शीट बिछा लेनी चाहिये।
- अभ्यंग की अवस्थाओं का ध्यान रखना चाहिये।
- सर्वांग अभ्यंग हेतु 35-60 मिनिट का समय लगता है परन्तु एकांग हेतु 15-20 मिनिट पर्याप्त है।
- भोजन के तुरन्त पश्चात् अभ्यंग नहीं किया जाना चाहिये। प्रात: तथा सायं काल अभ्यंग हेतु उत्तम है।

आचार्य सुश्रुत द्वारा वर्णित त्वचा के भेद, मोटाई तथा उनके आश्रित रोग–

त्वचा	**मोटाई**	**आश्रित रोग**
अवभासिनी	1/8 ब्रीहि	सिद्धम, पद्मकंटक
लोहिता	1/16 ब्रीहि	तिलकालक, न्यच्छ, व्यंग
श्वेता	1/12 ब्रीहि	चर्मदल, अजगल्लिका, मशक
ताम्रा	1/8 ब्रीहि	किलास, कुष्ठ
वेदिनी	1/5 ब्रीहि	कुष्ठ, विसर्प
रोहिनी	1 ब्रीहि	ग्रन्थि, अर्बुद, गलगण्ड, अपची, श्लीपद
मांसधरा	2 ब्रीहि	भंगदर, विद्रधि, अर्श

आचार्य चरक के अनुसार त्वचा के भेद तथा उनके आश्रित रोग–

	त्वचा	**आश्रित रोग**
1.	उदकधरा	–
2.	असृगधरा	–
3.	तृतीय त्वचा	सिद्धम, किलास
4.	चतुर्थ त्वचा	दद्रु, कुष्ठ
5.	पंचम त्वचा	अलजी, विद्रधि
6.	षष्ठ त्वचा	अरूँषिका, तिमिर दर्शन

सर्पि, तैल, वसा एवं मज्जा की गुणात्मक उपयोगिता

सर्पि की उपयोगिता–

- सर्पि वात एवं पित्त का शमन करता है।
- यह रस धातु, शुक्र धातु एवं ओज के लिये श्रेष्ठ है।
- इसमें निर्वापण एवं मृदुकरण गुण होते है।
- यह स्वर का वर्धन करता है तथा वर्ण का प्रसादन करता है।

मुख्य बिन्दु–

- तमक श्वास, जीर्ण ज्वर, छर्दि, मूत्र विकारों की अवस्था में घृतपान कराया जाता है।
- अर्श, मधुमेह तथा कुष्ठ में अमृत भल्लातक घृत का प्रयोग होता है।
- वाजीकरण कर्म हेतु अश्वगंधादि घृत का प्रयोग हितकर होता है।
- स्मृति वर्द्धन हेतु तथा वाणी के शुद्धिकरण हेतु अष्टांग घृत का पान कराया जाता है।
- तिमिर तथा पित्तज विकारों में जीवन्त्यादि घृतपान, त्रिफला घृत, महात्रिफला घृत तथा पटोलादि घृत का प्रयोग करते है।
- तिक्त घृत, महातिक्त घृत तथा खदिरादि घृतपान त्वक् विकारों में श्रेष्ठ है।
- दाडिमादि घृत का प्रयोग पाण्डु तथा पित्तज विकारों में हितकर है।
- मधुमेह की अवस्था में धान्वन्तर घृत का प्रयोग करते है।
- बन्ध्यता तथा गर्भाशयगत विकारों में फल घृत तथा कल्याणक घृत का प्रयोग लाभकारी है।
- अपस्मार व अन्य मानसिक विकारों में ब्राह्मी घृत तथा पंचगव्य घृत का प्रयोग करते हैं।
- मूत्रकृच्छ्र, अश्मरी तथा अम्लपित्त की अवस्था में शतावर्यादि घृत का प्रयोग करते है।

तैल की उपयोगिता–

- तैल वात दोष का शमन करता है।
- तैल शरीर को बल प्रदान करता है।
- तैल उष्ण एवं स्थिरता प्रदान करता है।
- तैल योनिगत दोषों का शमन करता है।
- तैल क्रूर कोष्ठ तथा कृमि कोष्ठ में हितकारी है।

मुख्य बिन्दु–

- आमवात तथा पित्तज व्याधि में अमृतादि तैल का प्रयोग करते है।
- असनविल्वादि तैल का अभ्यंग सिर, आँख तथा कान के लिये सुखदायक है।
- वात व्याधि में कोटमचुक्कादि तैल अभ्यंग श्रेष्ठ है।

- क्षीर बला तैल का पान, अभ्यंग, नस्य, बस्ति वात विकारों में प्रयोज्य है।
- सोरियासिस की अवस्था में अमलतास फल मज्जा तथा गोमूत्र का आलेप प्रयोग करना चाहिये।
- भग्न की अवस्था में गंध तैल का प्रयोग होता है।
- गंधर्वहस्तादि तैल का प्रयोग विरेचन तथा शरीर में दर्द की अवस्था में किया जाता है।
- धान्वन्तर तैल का पान, अभ्यंग, नस्य एवं बस्ति का प्रयोग वात विकार एवं गर्भावस्था व प्रसूतावस्था में किया जाता है।
- नीलीभृंग्यादि तैल का प्रयोग खालित्य की अवस्था में किया जाता है।
- महाबला एवं महामाष तैल का प्रयोग वातव्याधि, बीजाणु उत्पादन आदि में किया जाता है।

वसा की उपयोगिता–

- वसा शुद्ध मांस का स्नेह है तथा स्नेहन हेतु इसका प्रयोग किया जाता है।
- वसा चोट, अभिघात, भग्न, गर्भाशयच्युति, कर्णशूल, शिरःशूल की चिकित्सार्थ प्रयोग किया जाता है।
- वसा व्यक्ति की पौरूष का वर्धन करता है।
- नित्य व्यायाम करने वालों के लिये वसा हितकर है।
- वसा महारूजा तथा सन्धिरूजा की अवस्था में लाभदायक है।

मुख्य बिन्दु–

- वाराह वसा का प्रयोग वाजीकारक होता है।

मज्जा की उपयोगिता–

- मज्जा स्नेहार्थ प्रयोग की जाती है।
- अत्यग्नि तथा क्रूर कोष्ठी में मज्जा प्रयोग की जाती है।
- मज्जा अस्थियों की शक्तिवर्द्धक होती है।
- मज्जा बल, शुक्र, रसधातु, मेदधातु, कफ तथा मज्जा की वृद्धिकारक होती है।

मुख्य बिन्दु–

अजा मज्जा Leukemia तथा aplastic anaemia की चिकित्सार्थ प्रयुक्त होती है।

अस्थिमज्जा गत वातव्याधि तथा मज्जा प्रदोषज विकार में मज्जा सहित मुस्तादि यापना बस्ति लाभदायक होती है।

चतुः स्नेह की दोष–शामकता–

पित्त शामकता – सर्पि ⟶ मज्जा ⟶ वसा ⟶ तैल

कफ–वात शामकता – तैल ⟶ वसा ⟶ मज्जा ⟶ सर्पि

इस आधार पर सिद्ध होता है कि सर्पि सर्वश्रेष्ठ पित्तशामक हैं तथा तैल सर्वश्रेष्ठ कफ वात शामक है।

यमक स्नेह, त्रिवृत स्नेह, महा स्नेह, अच्छ स्नेह, प्रविचारणा स्नेह तथा सद्यः स्नेह का ज्ञान–

यमक – दो स्नेहों का मिश्रण

त्रिवृत – तीन स्नेहों का मिश्रण

महा – सभी (चार) स्नेहों का मिश्रण

अच्छ स्नेह तथा प्रविचारणा स्नेह–

स्नेह द्वेषी, नित्य स्नेही, मृदु कोष्ठ, नित्य मद्यपान करने वाले, सुकुमार, कृश, वृद्ध, बालक, तृष्णालु, उष्ण काल में स्नेह को भोजन के साथ, लेप या अभ्यंजन के रूप में सेवन कराने को प्रविचारणा कहते है।

आचार्य चरक ने 24 प्रकार की प्रविचारणाओं का वर्णन किया है यथा– औदन, विलेपी, रस, मांस, पयो, दधि, यवागु, शूप, शाक, यूष, काम्बलिक, खड़, सत्तू, तिलपिष्ट, मद्य, लेह, भक्ष्य, अभ्यंजन, बस्ति, उत्तरबस्ति, गण्डूप, कर्णतैल, नस्य, अक्षितर्पण।

आचार्य कश्यप ने 20 प्रकार की प्रविचारणाओं का उल्लेख किया है।

ओक, रोग, ऋतु, पुरुष, सात्म्य के अनुसार विविध प्रविचारणाओं का प्रयोग किया जा सकता है। षड्रसों के विविध संयोगों से यह 63 प्रकार की हो सकती है। इन सभी प्रविचारणाओं के अतिरिक्त बिना किसी द्रव्य के संयोग कराये शुद्ध स्नेह का पान करना अच्छ स्नेह कहलाता है। इन सभी को मिलाकर कुल 64 प्रविचारणायें होती है। तुरन्त स्नेहन कराने हेतु अच्छपेय स्नेह सबसे उपयुक्त विधि है। स्नेह सात्म्य तथा क्लेश सहन करने योग्य व्यक्तियों में अच्छस्नेह पान करवाना चाहिये।

सद्य स्नेह– बालकों तथा वृद्ध व्यक्तियों में सद्यः स्नेहन कराने हेतु यह विधि अपनाई जाती है। यह एक दिन में किया जाने वाला स्नेहन है। सद्यः स्नेहन हेतु मांसरस, घी में बनी खिचड़ी, दूध में बनी खिचड़ी तथा घी का प्रयोग किया जाता है। इन सभी में पिप्पली, घी, तिल, पिष्टी तथा वाराह स्नेह और सैन्धव लवण साथ में प्रयोग किया जाना चाहिये।

पंच प्रासृतिकी पेया– इसमें चतुःस्नेह तथा चावल (प्रत्येक 1 प्रसृत की मात्रा में) का प्रयोग किया जाता है। यह शरीर का सद्यः स्नेहन कराती है।

स्नेहन के योग्य तथा अयोग्य–

स्नेहन के योग्य– वृद्ध, बालक, दुर्बल, रक्तक्षयी, शुक्रक्षयी, मद्यसेवी, व्यवायी, व्यायाम करने वाला, जिनका स्वेदन तथा शोधन कराना हो, जो वात व्याधि से पीड़ित हो, जिन्हें अक्षिरोग यथा– अभिष्यंद तथा तिमिर हुए हो।

स्नेहन योग्य–

जिनका संशोधन कराना हो	–	कृश
मद्यसेवी	–	रूक्ष
व्यायामसक्त	–	क्षीण रक्त एवं रेतस
चिन्तक	–	वात व्याधि
वृद्ध	–	अभिष्यंद
बालक	–	तिमिर रोग
अबल	–	जिनका स्वेदन कराना हो।

स्नेहन के अयोग्य– अजीर्ण, आमदोष, साम दोष, कफमेदज व्याधि, तरुण ज्वर, संतर्पणजन्य व्याधि, संशोधन के पश्चात्, तृष्णा, मूर्च्छा, तालुशोष, अरूचि, छर्दि, अजीर्ण, अतिसार, उरूस्तंभ, जलोदर आदि।

स्नेह अयोग्य–

- नित्य मंदाग्नि (अजीर्ण)
- तृष्णालु
- तालुशोषी
- अन्नद्वेषी
- छर्दि
- मूर्च्छा
- जठररोग
- आमदोष
- गरविष
- स्नेहग्लानि
- दुर्बल
- क्लम
- असमय व दुर्दिन
- मुखस्त्राव
- जिनका रूक्षण कराना हो
- नस्य कर्म के पश्चात्
- बस्ति के पश्चात्
- क्षीरप
- अतिवृद्धि
- अतिसार
- जड़ता
- विरेचन
- गल रोग
- उरुस्तम्भ
- तरूण ज्वर
- स्थूल
- श्रम
- कफज व मेदस्वी व्यक्ति
- गुदास्त्राव

शोधन तथा शमन स्नेह की विधि–

(a) शोधन स्नेह– शोधन स्नेह की दूसरी संज्ञा मंदविभ्रंशा भी है। मध्यम मात्रा का प्रयोग शोधनार्थ किया जाता है। आचार्य वाग्भट्ट ने पूर्व रात्रि में किया हुआ भोजन पच जाने के पश्चात् स्नेह की उत्तम मात्रा का प्रयोग शोधन के लिये बताया है।

(b) शमन स्नेह– शमनार्थ स्नेह को उत्तम मात्रा का प्रयोग किया जाना चाहिये। यह शीघ्र ही समस्त स्त्रोतसों में पहुँच जाता है। पूर्व रात्रि में किया भोजन पच जाने पर, भूख लगने पर स्नेहपान करवाना चाहिये। आचार्य वाग्भट्ट ने मध्यम मात्रा का प्रयोग निर्दिष्ट किया है।

स्नेह जीर्ण, जीर्णमान तथा अजीर्ण के लक्षण–

जीर्ण स्थिति के लक्षणों का शमन–

- वातानुलोमन।
- पिपासा।
- लघुत्व।
- क्षुधा वृद्धि।
- उद्गार शुद्धि।

जीर्णमान तथा स्नेह अजीर्ण के लक्षण–

- शिरोरूक
- निष्ठीवन
- साद
- क्लम
- भ्रम
- मूर्च्छा
- अरति

स्नेहन के सम्यक्योग, अतियोग, हीनयोग के लक्षण, स्नेहन के व्यापद तथा उनकी चिकित्सा–

व्यक्ति की जठराग्नि के अनुसार ही स्नेहन कर्म करना चाहिये। सम्यक् रूप से परीक्षा आदि करने के पश्चात् कराया गया स्नेहपान ही गुणकारी होता है। यह कोष्ठ परिशुद्धता, दीप्ताग्नि, प्रत्याग्रम धातु, बल, वर्ण, मंदजरा तथा शतायु बनाता है।

स्नेहन के सम्यक् योग–

- वातानुलोमन
- स्निग्धता
- स्नेहोवेग
- मार्दवता
- धृति
- अध:स्नेह दर्शन
- लाघव
- मेधा
- विमलेन्द्रिय
- स्निग्ध वर्च
- तेज वृद्धि
- असंहत वर्च
- नष्ट ग्लानि

स्नेहन के अतियोग–

- अपक्व पुरीष
- मुखद्रव
- वमन
- उत्क्लेश
- गुददाह
- मूर्च्छा
- गौरव
- प्रवाहिका
- श्वास
- जाड्य
- अति पुरीष
- कास
- पाण्डु
- शिथिल अंग
- आध्मान
- तन्द्रा
- नासास्त्राव
- तृष्णा
- अरूचि/भक्तद्वेष
- गुदास्त्राव
- भ्रम

स्नेहन के हीन योग–

- ग्रथित रूक्ष पुरीष
- खरत्व रौक्ष्यत्व गात्र
- दुवर्णो
- वायु अप्रगुणों
- उरोविदाह
- मृदुपक्त
- वायु का उर्ध्वगमन

स्नेह व्यापद–

- हृल्लास
- ज्वर
- शोथ
- तृष्णा
- कण्डू
- विबंध
- भम्र
- जकड़ाहट (स्तम्भ)
- अरूचि
- उदरशूल
- वाणी क्षीणता
- व्याधियाँ जो मंदाग्नि से होती है।

৯ 3 ও

स्वेदन कर्म

शब्द संघान/निष्पत्ति– स्विद् धातु में घञ् प्रत्यय से स्वेद बनता है। इसके भाववाचक णिच् और ल्यूट प्रत्यय लगता है।

परिभाषा–

ऐसा औषधानिक क्रियाकर्म जिसके द्वारा स्वेद निकाला जाता है उस क्रिया को स्वेदन कहा जाता है। जो शरीर की जकड़ाहट दूर करे, भारीपन व शीतता को समाप्त करे उसे स्वेदन कहा जाता है।

परिचय– स्वेद शरीरान्तर्गत मल है। शरीर को मलिन करने के कारण इसे मल कहा जाता है। स्वेदन कर्म षड़ उपकर्मों के अन्दर आता है। शोधन के उद्देश्य से स्वेदन पूर्वकर्म है। स्वेदन दोषानुसार अलग–अलग किया जाता है। इसे रोग, ऋतु, व्याधि तथा शरीर की प्रकृति के अनुसार दिया जाता है। यह वातदोष का शामक है इसके अतिरिक्त पुरीष, मूत्र, रेतस आदि को शरीर से बाहर निकालने का कार्य करता है।

महत्व– कोष्ठ, धातु, स्त्रोतस तथा अस्थि से उपस्थित दोष स्नेहन कर्म के तत्पश्चात क्लिन्नता को प्राप्त होते है। तत्पश्चात स्वेदन करवाने से दोषों को विलिनीकरण हो जाता है। जो की गतिशील अवस्था में आकर शोधन प्रक्रिया द्वारा शरीर से बाहर निकाल दिया जाता है। स्नेहन के पश्चात् स्वेदन की अच्छी उपयोगिता है दोनों ही कर्म मिलकर दोषों को उत्क्लेशित करते है। स्वेदन कर्म मुख्यतया वात व कफ दोष के लिए किया जाता है। जिस प्रकार सूखी लकड़ी पर तैल व ऊष्मा देने से वह मुड़ जाती है ठीक उसी प्रकार शरीर की जकड़ाहट व स्तम्भता को कम करता है।

उपयोगिता– स्वेदन कर्म शरीर में गर्मी उत्पन्न करता है। इसके अतिरिक्त अन्य कर्म जैसे मार्दव, सन्धि स्तम्भहर, अग्नि दिप्ति, त्वक प्रसाद, स्त्रोतो निर्मलता, जाड्यहर, निद्राहर, भक्तश्रद्धा, तन्द्राहर होता है।

स्वेदन द्रव्य व गुणकर्म– रोकपायस, कृशरा, मांस, औदन, शीग्र पत्तिया, एरण्ड, वृष, गोमूत्र, सैन्धव, कुम्भी, कृषुलिका, गर्म गौलाकर ग्रह, औषध, दूध, तैल, घृत, मांसरस व गर्म जल।

गुणकर्म– सभी प्रकार के स्वेदन द्रव्यों में अग्नि महाभूत की प्रधानता होती है। इसके अतिरिक्त अग्रलिखित गुणकर्म होते है।

- ऊष्णता
- रूक्षता
- सरता
- द्रवता
- स्निग्धता
- तीक्ष्णता
- सूक्ष्मता
- स्थिरता तथा गुरुता

स्वेदन कर्म से वर्ज्य अंगों को बचाने की विधि, 10 प्रकार के निराग्नि स्वेद, 13 प्रकार के साग्नि स्वेद–

स्वेदन कर्म से वर्ज्य अंगों को बचाने की विधि–

हृदय, नैत्र तथा अण्डकोष पर मृदु स्वेदन करना चाहिए तीक्ष्ण स्वेदन से हानि की संभावना रहती है। जब तीक्ष्ण स्वेदन किया जाता है, तब इन अंगों को कमल पत्र, मोती आदि से ढक देना चाहिए।

वंक्षण, सन्धि पर मध्यम स्वेदन करना चाहिए।

मृदु तथा मध्यम स्वेदन के स्थानों के अतिरिक्त शरीर के सभी अंगों पर महास्वेद किया जाता है।

10 प्रकार के निराग्नि स्वेद–

- व्यायाम
- ऊष्ण सदन
- गुरू प्रावरण
- क्षुधा
- बहुपान
- भय
- क्रोध
- उपनाह
- आह (युद्ध)/वार, नियुद्ध
- आतप (Head produce by sunshine/radiate heat)

विभिन्न प्रकार के साग्नि स्वेद–

(1) **ताप स्वेद–** अग्नि के द्वारा तपाये हुये लोहे की प्लेट, पत्थर (जिनकी सतह कठोर किन्तु चिकनी हो) से वांछित जगह पर स्वेदन किया जाता है।

(2) **उष्म–** भाप से स्वेदन करना।

(3) **उपनाह–** इसमें semi solid द्रव्यों से स्वेदन किया जाता है

(4) **द्रव स्वेद–** द्रव, जल अथवा क्वाथ के माध्यम से स्वेदन करना

त्रयोदश अग्नि स्वेद–

- **संकर स्वेद–** संकर स्वेद पिण्ड स्वेद के नाम से भी जाना जाता है। पायस, कृशरा, मांस, औदन को सूती कपड़े में लेकर पिण्डाकृती में बना लेते है। या फिर किवां, अलसी, दही, दुग्ध आदि से Paste बना देते है। यह वात, कफ तथा वात-कफ जन्य सभी रोगों में लाभदायक है।

- **प्रस्तर स्वेद–** प्रस्तर से तात्पर्य पत्थर की चौकी पर औषधीय योग (उबले दाने जो पूर्णतया एरण्ड पत्र से ढके हो) को पकाकर गरम–गरम मोटी परत के रूप में पत्थर की चौकी पर फैला देते है। उसके ऊपर चादर या ऊन या एरण्ड पत्र या अर्क पत्र बिछाकर वातनाशक तैल से अभ्यंग किये हुए रोगी को लेटा दिया जाता है। इसके अतिरिक्त शीग्रु की पत्तियों का Paste, एरण्ड, कृष, गोमूत्र तथा सैन्धव को रोगी के दर्दयुक्त /वांछित क्षेत्र पर लगाया जाता है।
- **नाड़ी स्वेद–** वातघ्न द्रव्यों का क्वाथ बनाकर वंश, मंज या नल के माध्यम से प्रभावित जगह पर स्वेदन किया जाता है।
- **उपनाह–** कल्क बनाकर प्रभावित क्षेत्र पर लगाना। यह किंवा, अलसी, दही, सैन्धव, अम्ल कुष्ठ तथा स्निग्ध द्रव्यों से मिलकर बनता है।
- **परिषेक स्वेद–** रोगानुसार औषध सिद्ध तैल वातघ्न या वात कफघ्न औषधियों के क्वाथ से छोटे कुंभ, सुराही, कृषूलिका आदि जिसमें हजारों छिद्र हो में भरकर फव्वारे के समान शरीर पर गिराकर स्वेदन किया जाता है।
- **अवगाह स्वेद–** क्वाथ द्रव्य या घृत, तैल या उष्ण जल को टब या द्रोणी में भरा जाता है। फिर उस द्रोणी/टब में वातनाशक तैल से अभ्यंग किये व्यक्ति को बिठाकर छिड़काव कर स्वेदन किया जाता है।
- **जेन्ताक स्वेद–** स्वेदन हेतु एक वर्तुलाकार कमरे के बीच चिमनी बनाकर इसमें निर्धूम अग्नि प्रज्जवलित कर कमरे को गर्म कर तब रोगी को प्रविष्ट करवाया जाता है। यह एक विशिष्ट प्रकार की स्वेदन विधि है। बीच में अंगार कोष्ठीका होती है। जो 4 अरत्नी के आकार का। इसी दीवार में वायु के प्रवेश हेतु बहुत से छिद्र होते है। अन्दर एक चबूतरा बना होता है। जिस पर रोगी को लेटाया जाता है। तथा स्वेद से मूर्च्छा होने पर भी चबूतरा ना छोड़े एवं 1 मूर्हत तक अन्दर रहने की सलाह दी जाती है।
- **अश्मघ्न स्वेदन–** गर्म पत्थर की चट्टान पर जल का छिड़काव कर उससे स्वेदन लेना **अश्मघ्न** स्वेद कहलाता है।
- **कर्षुस्वेद स्वेद–** एक गड्ढा जो भीतर से विस्तृत हो और मुख कम चौड़ा हो जिसमें वातनाशक द्रव्यों के अंगारो को भरकर ऊपर चारपाई बिछा दी जाती है।
- **कुटी स्वेद–** एक ऐसा छोटा कमरा जो छिद्र रहित हो मोटी दीवारों युक्त हो पर उष्ण द्रव्यों का लेप किया जाता है। यह पूर्णतया धूप रहित होता है।
- **भू–स्वेद–** समतल भूमि पर स्वेदन करना। जहाँ सीधी हवा ना लगे।
- **कुम्भी स्वेद–** वातनाशक औषधों के क्वाथ से सम्पूर्ण भरी हाण्डी या मटकी को लेकर ¾ भाग जमीन में गाढ़ दे। फिर उसके ऊपर चारपाई बिछा कर रोगी को लेटाकर चादर से ढ़क दिया जाता है।

- **कूप स्वेद–** हवा रहित जगह पर चारपाई की लम्बाई–चौड़ाई के अनुसार लम्बा, चोड़ा तथा गहराई में लम्बाई से दुगुना कुआ खोदकर रोगी को चादर से लपेटकर चारपाई पर लेटा दिया जाता है।
- **होलाक स्वेद–** अंगीठी को चारपाई के नीचे रखकर रोगी को चादर सहित चारपाई पर लेटा दिया जाता है।
- **शोधनांग व शमनांग स्वेद–** आचार्य उल्हण ने कार्मुकता के आधार पर 2 भेद बताये।
- **शोधनांग भूत स्वेद–** जब स्नेहपान के बाद तथा शोधन से पहले स्वेदन किया जाता है। उसे शोधनांग स्वेद कहा जाता है।
- **शमनीय स्वेद–** जब दोष के पाचनार्थ अंश स्वेद किया जाता है। उसे शमनीय स्वेद कहा जाता है। स्त्रोतोशोधन, मार्दव, धात्वाग्नि प्रदीपन में यह सहायता करता है।

स्वेदन कर्म उपयोगिता के बारे में विस्तृत वर्णन–

पत्रपिण्ड स्वेदन, शालीपिण्ड स्वेद, चूर्ण पिण्ड स्वेद, जम्बीरा पिण्ड स्वेद, कुक्कुटाण्ड स्वेद, बालुका स्वेद, नाड़ी स्वेद, वाष्प स्वेद, क्षीर वाष्प स्वेद, अवगाहन स्वेद, परिषेक स्वेद (पिडियिल), धान्याम्ल धारा, कषाय धारा, क्षीरधारा, उपनाह स्वेद।

***Note*–** संधिवात के रोगी के लिए पनीर को पिण्ड स्वेदनार्थ लिया जा सकता है। जीर्ण आमवात में एरण्ड व निर्गुण्डी पत्र लाभदायक है।

अस्थिगत वात व सन्धिपीड़ा में निर्गुण्डी व धत्तुर पत्र लाभदायक है।

षष्टिककशालीषपिण्ड स्वेद (नवरकिज़ी)

परिभाषा– 60 दिनों में पकने वाले चावलों को औषध संस्कारित दूध में पकाकर स्वेदन करना षष्टिक शाली पिण्ड स्वेद कहलाता है।

उपयोगी साधन– शाली चावल, दूध, बलामूल, सूती कपड़ा।

विधि– 12 पल/600gm बला मूल लेकर उसमें 16 गुणा जल मिलाकर ¼ शेष रहने तक क्वाथ बनाया जाता है। फिर इस क्वाथ के दो बराबर भाग कर लेते हैं। एक भाग में बलामूल के समान मात्रा में दूध साठी चावल डालकर श्लक्ष्ण होने तक पकाया जाता है। फिर चार से आठ 18×18 इंच के सूती वस्त्र खण्ड लेकर दूध मिश्रित पका हुआ भात समान मात्रा में रखकर पोटलीयाँ बांधकर तैयार करते है। पोटली इस प्रकार बंधी होनी चाहिए कि उनका ऊपर का भाग पर्याप्त चौड़ा और हाथ में पकड़ने योग्य हो। इसकी 4–8 पोटलीयाँ बनाई जाती है। अब शेष अर्ध क्वाथ में दूध मिलाकर उसे गर्म किया जाता है। सूखोष्ण होने पर पोटलीयों को पुन: पुन: डुबाकर स्वेदन किया जाता है।

क्षीरबला तैल, धन्वन्तरी तैल तथा तैल धारण के पश्चात् 4 पंचकर्म परिचारक (दोनों और 2–2 परिचारक) खड़े रहे। परिचारक मिश्रण से उष्ण पोटली लेकर अपने हाथ पर रखकर उष्णता की परीक्षा कर आतुर के भागों पर थपथपाते हुए स्वेदन करे। इस प्रकार दाये

हाथ से गति को आगे बढ़ाये तथा बाये हाथ से अवयव को योग्य अवस्था में रखे यह प्रतिलोम दिशा में किया जाता है तथा सन्धि क्षेत्र पर गोलाकार घूमाया जाता है। अभ्यंग की 7 अवस्थाओं में यह किया जाता है तथा इसकी समयावधी 45–90 मिनट तक 7 दिन/14 दिन या 21 दिन तक किया जाता है। रोगानुसार यह समय अवधि अलग–अलग होती है। स्वेदन की गतियों के समय आतुर के शरीर पर पोटलीयाँ के घर्षण से और औषध सिद्ध षष्टिक शाली वस्त्र से स्त्रावित होकर शरीर का संस्कार होता है।

उपयोगीता– Cerebral palsy, कम्पावात, Muscular dystrophy, वातज विकार जैसे शोष, पंगु, खंज तथा स्तम्भता का नाश करता है।

Key Note– बाजरा, ज्वार, गेंहूँ को भी चावल की जगह काम में लिया जा सकता है।

यह CPK के स्तर को कम करता है तथा DND में calf muscles को मृदु बनाती है।

स्वेदन योग्य–

कास, हिक्का, श्वास, प्रतिश्याय, अर्दित, शिर:शूल, एकांग, सर्वांग गौरव, कर्ण शूल, मन्याशूल, पक्षाघात, स्वर भेद, गलग्रह, स्तम्भ, सुप्ति, यक्ष्मा, विनामिका, कोष्ठ आनाह/आध्मान विबन्ध मूत्राघात या मूत्ररोग विजृम्भिका, प्रसव, कटी कुक्षी ग्रह, गृंध्रसी, मूत्रकृच्छ्र, मुष्कवृद्धि, खल्ली, पाणी–पाद, अंगमर्द प्रकोप, पाद–उरू–जानु–जंघा में शोथ, ग्रन्थि, आमदोष, शीतजन्य रोग, वेपथु, वात–कण्टक, संकोच, आक्षेप, आयाम, अंगमर्द, अपतानक, अपस्तम्भ आढ्यवात, शुक्राघात, हनु–मन्या–शिरोग्रह, वात रोग, कफ रोग, हनुग्रह, अर्बुद, नस्य–बस्ति–वमन–विरेचन से पहले, अर्श। अशमरी आदि।

स्वेदन के अयोग्य– पित्त रोगी/पित्त प्रकृति वाले व्यक्ति

अतिसार, रूक्ष, ब्रहन गर्भीणी, जो कषाय द्रव्य प्रतिदिन लेते हो, मद्यपान, रक्तपित्त, मधुमेह, विदग्ध एवं बृध्न, विष विकार, कुद्ध, अजीर्ण, छर्दि, उरूस्तम्भ, कुष्ठ, शोक, कामला, उदररोग, क्षत या उर:क्षत, आढ्य/वातरक्त रोगी, शोष, तीव्र अग्नि, भग्न, तिमिर रोग, विदग्ध अंग, मूर्छित, स्तम्भनीय, क्षत–क्षीण, आमदोष, विसर्प, कुष्ठ, दुध–दही–स्नेह–मधुपान के पश्चात्, ग्लानि, भय, पाण्डु, रजस्वला, दुर्बल, अतिशुष्क, क्षीण औजस।

पत्र पिण्ड स्वेद (ऐलाकिजी)

परिभाषा– वातघ्न द्रव्यों की पत्तियाँ से बना पिण्ड रोगी के शरीर पर थपथपाकर स्वेदन किया जाता है। एलाकिजी कहलाता है।

उपयोगी साधन– भगोना, एरण्ड तैल, दशमूल तैल, नारायण तैल, निर्गुण्डीपत्र, सरसो, सैन्धव तथा सूती कपड़ा।

विधि– सर्वप्रथम सभी प्रकार की पत्तियों को काटा जाता है। फिर सभी को एक भगौने में लेकर भली प्रकार से फ्राई किया जाता है। फ्राईड पत्रों को सूती कपड़े में लेकर

पिण्डाकृती की पोटलीयाँ बनाई जाती है। इस तरह 7 पिण्ड बनाये जाते हैं। इसे तैल में डुबाकर रोगी के शरीर पर मालिश की जाती है। यह कर्म 30–45 मिनट तक किया जाता है।

उपयोगिता– एक एनकाइंलोजिग स्पोन्डोलाइटिस (कटीग्रह), सन्धिवात, पक्षाघात तथा वातकफ प्रधान व्याधियों में लाभदायक होता है।

चूर्ण पिण्ड स्वेद (पोडिकिज़ी)– जब चूर्ण को सैन्धव के साथ मिलाकर छौकंकर/फ्राईकर पोटली निर्मित की जाती है। जिसे पुनः पुनः तैल में डुबाकर स्वेदन किया जाता है। पोंडिकिज़ी कहलाती है। यह वात–कफज व्याधि, श्वास, कास, प्रतिश्याय, स्वरभेद में लाभदायक होता है।

जम्बीर पिण्ड स्वेद– जम्बीर, मसली हुई अदरक, मेथिका चूर्ण, शताव्हया, हल्दी कुलत्थ, सैन्धव मिलाकर पोटली निर्मित की जाती है। जम्बीर पिण्ड स्वेद कहलाता है। यह सन्धिपीड़ा, सन्धिवात, पक्षाघात, वात कफ प्रधान व्याधि में लाभदायक है।

कुक्कुटाण्ड स्वेद– जब कुक्कुटाण्ड को स्वेदन के लिए उपयोग किया जाता है। उसे कुक्कुटाण्ड स्वेद कहा जाता है। यह वात–कफज व्याधियाँ में उपयोगी होता है।

बालुका स्वेद– यह एक रूक्ष स्वेदन है। जब पिण्ड को बालुका से निर्मित किया जाता है। तथा गर्म करके प्रभावित क्षेत्र पर लगाया जाता है। बालुका स्वेद कहा जाता है। यह आमवात में उपयोगी है।

बालुका स्वेद तथा पत्थर की चट्टान से रूक्ष स्वेदन आमवात में बहुत लाभदायक होता है।

नाड़ी स्वेद–

परिभाषा– जब औषधीय क्वाथ को नली की सहायता से वाष्प अवस्था में प्रभावित क्षेत्र पर स्वेद दिया जाता है। नाड़ी स्वेदन कहलाता है।

निर्गुण्डी, एरण्ड, सहिजन, अर्क, करन्ज पत्र, दुग्ध, मूत्र, सैन्धव को नाड़ी स्वेदन के लिए उपयोग में लिया जाता है।

विधि– क्वाथ द्रव्य को एक पोटली में बांधकर कूकर आदि में डाला जाता है। जब क्वाथ से वाष्प निकलने लगे तब नली से पीड़ित अंग पर रोगी का स्वेदन किया जाता है।

उपयोगिता– वातज विकार, सन्धिवात, आमवात, सन्धिशूल, अवबाहुक, अपतानक आदि विकारों में लाभदायक है।

वाष्प स्वेद– जब स्वेदन के लिए वाष्प का उपयोग किया जाता है वाष्प स्वेद कहलाता है। इसमें सादा पानी काम में लिया जाता है। यह शरीर को पुर्ननवीन बनाने में सहायक है।

क्षीर वाष्प स्वेद– जब स्वेदन के लिए क्षीर वाष्प का उपयोग किया जाता है तो उसे क्षीर वाष्प कहा जाता है। इसमें द्रव रूप में औषधीय दुग्ध काम में लिया जाता है। यह अर्दित: मन्यास्तम्भ में लाभदायक है।

अवगाह स्वेद– क्वाथ द्रव्य, घृत, तैल या उष्ण जल को टब या द्रोणी में भरकर वातनाशक तेलों से अभ्यंग किये व्यक्ति को टब में बिठा दिया जाता है। भावप्रकाश के अनुसार नाभि के ऊपर 4 अंगुल तक 1 मुहुर्त तक रोगी को अन्दर बैठा रहना चाहिए।

परिषेक स्वेद/कायसेक (पिडिचिल)–

स्नेहन व स्वेदन दोनों कर्म इसमें एक साथ किये जाते हैं। सामान्यतया 45–90 मिनट तक किया जाता है। जो कि 7–21 दिनों तक होता है। इसमे 5–7 लीटर तैल काम में लिया जाता है। हर दिन ताजा तैल काम में लिया जाता है। जो प्रथम दिन तक होता है। फिर अगले तीन दिन आधा पुराना तथा आधा नया लिया जाता है।

प्रथम दिन	– 45 मिनट
द्वितीय दिन	– 60 मिनट
तृतीय दिन	– 75 मिनट
चतुर्थ दिन	– 90 मिनट
पाँचवे दिन	– 75 मिनट
छठे दिन	– 60 मिनट
सांतवें दिन	– 45 मिनट

विधि– पिडिच्छिल के लिए चार मोटे तथा चोड़े कपड़े काम में लिये जाते हैं। यह कपड़े औषधीय तैल में भिगोकर रोगी के शरीर पर धारा रूप में निचोड़े जाते है। **तैल रोगी के शरीर पर 12 अंगुल की ऊँचाई से गिराया जाता है।** कपड़े को दाहिने हाथ से पकड़कर मूट्ठी से इस प्रकार दबाये की वस्तु से तैल अँगूठे से धारा के रूप में आतुर के शरीर पर गिरे। इस गिरे हुए तैल का परिचारक अपने बांये हाथ से मुष्ठ अभ्यंग करे। धारा का वेग ना तो अधिक हो और ना ही अधिक धीरे। इस कार्य के लिए 5 परिचारक की आवश्यकता होती है। तथा यह 7 अवस्थाओं में किया जाता है।

पिडिच्छिल के पश्चात् स्नान की जा सकती है किन्तु अर्दित तथा पक्षाघात के रोगी को स्नान नहीं करवानी चाहिए तथा गर्म कपड़े से शरीर को पोंछ लेना चाहिए। **प्रथम दिन दूध, अगले 3 दिन घान्याम्ल तथा अन्तिम 3 दिन तक तैल काम में ले सकते हैं।**

उपयोगिता– वातज विकार जैसे पक्षाघात, मांस शोष, नाड़ी सम्बन्धित विकृती अवबाहुक, सन्धिपीड़ा आदी में लाभदायक होता है।

Key Point- पिडिच्छिल को नारायाण तैल से करवाने पर पक्षाघात में, मांसतान व वाणी पर शीघ्र प्रभाव पड़ता है।

पिडिच्छिल MND रोग में श्वास में बहुत लाभदायक है।

धान्याम्ल धारा– जब शिरोधारा में धान्याम्ल का उपयोग किया जाता है। धान्याम्ल धारा कहा जाता है। यह वातकफज रोगों में लाभदायक है।

***Key Point*–** यह MND रोग में मुख्यतया उपयोगी है।

कषाय धारा– जब कषाय को धारा रूप में लिया जाता है। कषाय धारा कहलाती है। दशमूल कषाय धारा वात–पित्त–कफ विकार में उपयोगी होती है मुख्यतया तीव्र शिर:शूल के लिए।

तगरादि कषाय धारा– उच्च रक्त चाप।

मांस्यादि कषाय धारा– अनिद्रा जैसे मानसिक विकारों में।

क्षीर धारा– जब क्षीर को धारा रूप में लिया जाता है क्षीर धारा कहलाती है। गाय, अजा, भैंस का दूध इस कार्य हेतु काम में लिया जाता है। यह वात–पित्त विकारों में तथा आँखों की जलन को कम करती है।

उपनाह स्वेद– कल्क को सूती कपड़े में लेकर पट्टी की तरह प्रभावित क्षेत्र पर बांधने को उपनाह स्वेद कहा जाता है। यह अलसी, दही, सैन्धव, अम्ल, वचा, रास्ना, कुष्ठ, तक्र, दुग्ध, वातघ्न द्रव्य तथा स्निग्ध द्रव्यों से मिलकर बनता है। प्रदेह, संकर तथा बंधन स्वेद उपनाह स्वेद में ही आते है। पट्टीयाँ जब दिन में बांधी जाती है तो रात्रि में खोली जाती है और जब रात्रि में बांधी जाती है तो दिन में खोल देनी चाहिए। यह वात–कफज विकार में लाभदायक है।

शाल्वण उपनाह स्वेद में चतु:स्नेह तथा सैन्धव काम में लिये जाते हैं।

सम्यक योग, अतियोग, हीनयोग के लक्षण, स्वेदन व्यापक तथा प्रतिकार उपाय

सम्यक योग के लक्षण–

गुरुता नाश, शूलशमन, शीतशमन, जाड्यनाश, देहमार्दव, स्वेद, शीतता की इच्छा, प्रसन्नता, सौम्यता, विष्टम्भ नाश, तृष्णा तथा क्षुधा का जाग्रत होना सम्यक स्वेदन के लक्षण है।

अतियोग के लक्षण– दाह, विदाह, मूर्च्छा, अवसाद, स्वेद, अंग दौर्बल्य, विशाद, भ्रम, तृष्णा, ग्लानी, पित्तकोप, स्वर दौर्बल्य, व्याकुलता, सन्धिपीड़ा, ज्वर, स्फोटोत्पत्ति इत्यादि स्वेदन के अतियोग के लक्षण है।

हीन योग के लक्षण– अस्वैद्य, शैत्य, शूल तथा गौरवता।

अतियोग में कर्त्तव्य–स्वेदन के अतियोग में ग्रीष्म ऋतुचर्या का पालन करना चाहिए। मधुर, शीत द्रव आहार को खिलाया जाता है। अंगों पर शीतल चन्दनादि का लेप किया जाता है। शरीर को ठण्डे उद्यान, नदियाँ को जगह पर रखना चाहिए तथा अन्य पित्त तथा रक्तदोषशामक उपाय जैसे बस्ति, नस्य, रक्तमोक्षण तथा स्तम्भन चिकित्सा की जाती है।

स्वेदन के समय तथा पश्चात् आहार विहार व्यवस्था–

(1) सीधे वायु के सम्पर्क में ना जाये तथा ना ही शीतल स्थानों पर रहे।

(2) शरीर पर उपस्थित स्वेद को सूती कपड़े से पौछ लेना चाहिए।

(3) रोगी को आराम करना चाहिए।

(4) रोगी को सुखोष्ण जल से नहाना चाहिए।

(5) खाने में लघु, उष्ण, द्रव व अभिष्यन्दि आहार लेना चाहिए।

(6) चिकित्सा के समय तृष्णा, भ्रम, मूर्च्छा, स्फोट आदि उपद्रव होने पर शीघ्र ही प्रतिकार करे।

स्वेदन कार्मुकता–

स्तम्भघ्न	–	वात नियामक
गौरवघ्न	–	अग्नि दीपन
शीतघ्न	–	त्वक मार्दव एवं प्रसादन
स्वेदकारक	–	निद्रा–तन्द्रा नाश तथा दोष शोधन

स्वेद शरीर में उपस्थित मल को स्त्रोतों के माध्यम से त्वचा की सहायता से बाहर निकालता है। मानव स्वेद ग्रन्थि post ganglionic sympathatic nerves के द्वारा स्त्रावित acetylcholine से नियंत्रित होती है। स्वेद ग्रन्थि चारों तरफ से cholinergic Nerves से घिरी रहती है। इसके अतिरिक्त Epinepheine और Norepinephrine भी स्वेद के लिए उत्तरदायी होते हैं। स्वेदन Autonomous Nervous System से नियंत्रित होता है।

अग्र हाइपाथेलेमस में बहुत ज्यादा मात्रा में मुख्य स्वेदांग उपस्थित होते हैं। जब impulses हाइपोथेलेमस से मेड्यूला, मेरुरज्जू तथा sympathatic तक जाते है तब स्वेद की प्रक्रिया प्रारम्भ होती है।

शरीर क्रिया के अनुसार स्वेद संगठन–

जल	– 99.2 %– 99.7%
ठोस	– 0.5%
सोडियम क्लोराईड	– 0.25%
पोटेशियम 0.2%	– 12%
केल्शियम	– 5 ग्राम
यूरिया	– 0.03%
लेक्टिक अम्ल	– 0.67%
अमीनो अम्ल	

आधुनिक स्वेदन तकनीक का सामान्य ज्ञान (सोना बाथ, स्टिम बाथ)–

सोना बाथ– यह पाइन लकड़ी के एक कमरे में वाष्प को उत्पन्न कर, अन्दर स्थित पत्थरों की सहायता से किया जाता है। इसका प्रयोजन ऊष्मा तथा वाष्प दोनों का देना है। सोना बाथ, कटीशूल, आमवात, स्थौल्य, गृध्रसी जैसे रोगों में लाभदायक है।

स्टीम बाथ– स्टीम बाथ के लिए एक कमरा तैयार किया जाता है। जिसमें शरीर में पसीना लाकर मलों को बाहर निकाल दिया जाता है। रोगी को उस कमरे के चबूतरे पर बैठा दिया जाता है। जहाँ पर वाष्प भली प्रकार से लग सके। उच्च रक्तचाप, हृदयरोग, जीर्ण दौर्बल्य तथा ज्वर युक्त रोगी को स्टीम बाथ नहीं देना चाहिए अर्थात् ये रोगी अयोग्य होते हैं। स्टीम बाथ की समय अवधी 10–15 मिनट तथा रोगानुसार होती है। इसके बाद रोगी को 30 मिनट के लिए आराम करने को कहा जाता है। यह आमवात, वात–कफज व्याधि, सन्धि शूल में लाभदायक है।

☙ 4 ❧

वमन कर्म

शब्द व्युत्पत्ति, परिभाषा, परिचय–

शब्द व्युत्पत्ति– 'वम' धातु में ल्युट प्रत्यय लगने से शब्द वमन बनता है। यह वमती या अवमती शब्द से बनता है।

वम से तात्पर्य उदग्र अर्थात् जो ऊपर की तरफ वेग उत्पन्न करे वमन कहलाता है।

इसके पर्यायवाची छर्दी, छर्दन, वमी, उत्क्लेशन, विरेक, शोधन तथा संशोधन है।

परिभाषा– उर्ध्वमार्ग अर्थात् मुखमार्ग से प्रकुपित कफ दोष तथा शरीर को बाधा पहुंचाने वाले मलों को बाहर निकालना वमन कहलाता है। शार्ङ्गधर के अनुसार– वह कर्म जिसमें अपक्व पित्त तथा कफ दबाव के साथ उर्ध्वमार्ग या मुखमार्ग से बाहर निकलता है। वमन कहलाता है।

परिचय– वमन शरीर के ऊपरी भागों में स्थित प्रकुपित दोषों तथा मलों को बाहर निकालने में सहायता करता है। वमन अपक्व कफ तथा पित्त की व्याधियों का शमन करता है। इसलिए यह प्रकुपित कफ की सबसे उत्कृष्ट चिकित्सा है। यह आमाशय में उत्पन्न होने वाले रोगों का शमन करता है। सामान्यतया बसन्त ऋतु में कफ का प्राकृतिक रूप से प्रकोप होता है। इसलिए वसन्त में वासन्तिक वमन करवाकर कफजन्य व्याधियों को नष्ट किया जाता है। वमन से पूर्व कफ को उत्क्लेशित करने वाले आहार जैसे ग्राम्य आनूप मांसरस, दूध आदि पिलाकर दोषों को गतिशील अवस्था में लाया जाता है।

वमनकर्म का महत्व एवं उपयोगिता–

महत्व– वमन कफ की सर्वश्रेष्ठ चिकित्सा है। यह पूर्वकर्म में दोष उत्क्लेश के पश्चात् करवाया जाता है जिससे शरीर का कफजन्य मल बाहर निकलता है। ऐसा माना जाता है कि जब प्रकुपित दोष कोष्ठ से शाखा में जाते है तब विभिन्न प्रकार की व्याधियाँ उत्पन्न होती है जो कि दोष–दूष्य समुर्च्छना पर निर्भर करती है।

स्नेहन इन दोषों को मृदु तथा स्वेदन पिघलाकर गतिशील बना देता है। जिसके कारण वह शाखा से पुनः कोष्ठ में आ जाते हैं। इसलिए पूर्वकर्म के रूप में स्नेहन–स्वेदन अवश्य ही करवाना चाहिए।

वमन हमेशा विरेचन से पूर्व किया जाता है क्योंकि बिना वमन करवाये, विरेचन करवाने पर प्रकुपित कफ ग्रहणी को दूषित करती है।जिससे ग्रहणी प्रवाहिका जैसी व्याधियाँ उत्पन्न होती है।

उपयोगिता– वमन मेद धातु का ऊपरी भाग में जो जमाव होता है तथा शरीर दौर्गन्ध्य को कम करता है। कफ को नष्ट कर शरीर की गुरुता को कम करता है। कास, उपलेप, स्वरभेद, निद्रा, मुखदौर्गन्ध्य, विष उपद्रव में कफाधिक्य आदि में लाभदायक है। ग्रहणी रोगों को कम करता है। दोषों का शमन करता है। शरीर में जमा प्रकुपित कफ दोष को बाहर निकालकर शोधन करता है।

योग्य– नवज्वर, गलग्रह, श्लीपद, गलगण्ड, अधो:रक्तपित्त, श्वास, कास, राजयक्ष्मा, प्रमेह, अधिजिह्विका, गलशुण्डिका, कुष्ठ, मन्दाग्नि, विरुद्धाजीर्ण, विसूचिका, अलसक, पीनस, मुख, हृल्लास, अरूचि, अविपाक, अपचि, ग्रन्थि, अपस्मार, उन्माद, अतिसार, पाण्डु, मुखपाक, स्तन्य दुष्टि, अर्बुद, कफाधिक्य, मेदो रोग, हृदयरोग, विसर्प, चित्त–विभ्रम, विद्रधी, कण्ठपाक, कर्ण स्त्राव, अति वृद्ध, सुकुमार, अतिकृश, अति बाल, अति स्थूल, गर्भिणी, दुर्बल, श्रांत क्षुधित, पिपासित, मैथुन, उपवासित, कृमिकोष्ठ, उर्ध्ववात, शिर:शूल, पार्श्वशूल, उदावर्त, मूत्राघात, प्लीहरोग, गुल्म, उदर रोग, अष्ठीला, तिमिर, शंखक, अनुवांशिक।

वामक तथा वमनोपण द्रव्यों का सामान्य विवरण व संग्रहण–

मदनफल को वसन्त तथा ग्रीष्म ऋतु के अन्त में ग्रहण किया जाता है। मदनफल सड़े गले या कृमियुक्त नहीं होने चाहिए। ऐसे मदनफल को कुश, गोमय तथा माष में लपेटकर 8 दिन तक रख दिया जाता है। जब मदनफल मृदु तथा मधुर हो जाते है। तथा गंध बाहर तक आने लग जाये तब बाहर निकालकर घी, मधु, तिल कल्क में रखकर सुखाते है। मदनफल के इन फलबीज ताजे फलों को मदनफल पिप्पली कहा जाता है।

फलिनी द्रव्य– कुटज, त्रपुष, हस्तिपर्णी, धामार्गव, इक्ष्वाकु, जीमूतक कृतवेधन, मदन, कुरज, जीमूतक, सर्षप, विडंग, पिप्पली, करंज, प्रपुण्डाक।

मूलिनी द्रव्य– कोविदार, कर्बुदार, शंखपुष्पी, बिम्बी, हेमवती, अरिष्ट, अश्वगंधा विदूल, बंधुजीव, शणपुष्पी, बिम्बी, वचा, एरण्डपर्णी, चित्रा।

वामक द्रव्यों के गुणधर्म–

(A) तीक्ष्ण गुण के कारण दाह, पाक तथा स्राता आता है। तीक्ष्ण गुण द्रव्य के सभी परमाणुओं को अलग–अलग कर अनुप्रवण भाव से आमाशय में स्थित दोषों को बाहर निकालते है।

(B) उष्ण गुण के कारण पाचन, दहन, स्वेदन तथा कोशीकीय स्तर तक वमन गुणों को पहुँचाया जाता है।

(C) सूक्ष्म गुणों के कारण द्रव्य अपने अणु प्रवण भाव से दोष को कोष्ठ में लाते है। आकाश, वायु तथा तेज महाभूत के कारण सूक्ष्म से सूक्ष्म स्थान पर पहुँचकर कार्य करता है।

(D) इस गुण के कारण वामक द्रव्य धातुओं में स्थित दोषों को पृथक करने में सहायक होते है। तीक्ष्ण तथा क्षार गुणों के कारण कोशिकाओं को छोड़कर रक्त संचरण के माध्यम से कार्य करवाता है।

(E) व्यवायी गुण वाले द्रव्य शरीर में जाते ही अपना कार्य प्रारम्भ कर देता है। उसका पाचन बाद में होता है। वमन द्रव्यों के इसी गुण के कारण वमन शीघ्र ही प्रारम्भ हो जाता है। व्यवायी गुण के लिए द्रव अवस्था में होने पर आसानी रहती है।

(F) सरत्व का गुण आचार्य सुश्रुत ने बताया। डल्हण ने इसे सरत्व ना कहकर अनुलोमत्व गुण माना। इस गुण के कारण वमन द्रव्य बिना पके बिना किसी रूकावट के कार्य करता है। सरत्व के कारण वमन द्रव्य स्त्रोतों में जाकर दोषों को कोष्ठ से बाहर निकालते है।

मदन, कुटज, यष्टिमधु, वचा तथा निम्ब का विस्तृत विवरण–

मदनफल

वानस्पतीक नाम – *Randia dumetorum*

Family – *Rubiaceae*

पर्याय नाम – मदन, छर्दन, पिण्डी, शल्यक, नट करहाट, विषपुष्पक।

वामक तथा वमनोपग द्रव्य–

आचार्य चरक ने वमन योग 355 बताये।

मदनफल	–	133
जीमूतक	–	39
इक्ष्वाकु	–	45
धामार्गव	–	60
वत्सक	–	18
कृतवेधन	–	60
		355

वमन औषध– वे औषध जो वमन को करवाते है। जैसे मदनफल

वमनोपग द्रव्य– वे औषध द्रव्य जो वमन करवाने में सहायता करते हैं। वमनोपग द्रव्य कहलाते है। जैसे– दूध, गन्ने का रस, मधुयष्टि फाण्ट।

वामक द्रव्य– मदन, मधु, निम्ब, जीमूतक, कृतवेधन, पिप्पली, कुटज, इक्ष्वाकु, एला, धामार्गव, अश्मन्तक क्षीर, लवण, दुग्ध, मधूक, लम्ब, बिम्बी, विशाला, त्रपुष, कुटज, मूर्वा, देवदाली कृमिघ्न, विदूल, कोशातकी, करंज, वचा, सर्षप।

वमनोपग द्रव्य– मधु, मूलेठी, कोविदार, कर्बुदार, कदम्ब, विदूल, बिम्बी।

कषाय–

मूल– मदन, स्वादूकण्टक, पाठा, पाटला, मूर्वा, आरग्वध, वृक्षक, सप्तपर्ण, नक्तमाल, पिचुमर्द, पटोल गुडुची, चित्रक, सोमवल्कल शतावरी, शिग्रु।

पुष्प– कोविदार, कर्बुदार, नीप, विदूल, बिम्बी, शणपुष्पी, सदापुष्पी, मधुक, यष्टीमधु, प्रत्येक पुष्पा, एला, हरेणु प्रियंगु, पृथविका, कुस्तुम्बक, तगर, नलद, हिबेर, तालिश उशीर, इक्षु, इक्षुवालिका, दर्भ, पुद्गल हरिद्रा, दारुहरिद्रा, पुनर्नवा, शाल्मली, भद्रपर्णी, एलापर्णी, उपोदिका, धवन, पिप्पली, पिप्पलीमूल चव्य, चित्रक, श्रृंगबेर, क्षीर, क्षार, लवण।

ये उपरोक्त सभी द्रव्य, वर्ती, चूर्ण, अवलेह, स्नेह, कषाय, मांसरस, यवागु, यूष, कांबलिक, दुग्ध, मोदक सभी को आहार के साथ मिलाकर दिया जाता है।

प्रयोज्यागं – छाल, फल।

मात्रा – चूर्ण 3–6 ग्राम (वमन)

आयुर्वेदिक गुणधर्म–

रस – कषाय, मधुर, तिक्त, कटु

गुण – लघु, रूक्ष

वीर्य – उष्ण

विपाक – कटु

दोषघ्न – कफवात शामक, कफ पित्त शोधन

प्रभाव – वमन

रासायनिक संगठन– बीजों में पामिटिक, स्टेरिक, औलेक, आर्किडिक तथा लिनोसेरिक अम्ल पाया जाता है।

कुटज–

वानस्पतिक नाम – होलराइना एन्टी डिसेन्ट्रिका

फैमिली – एपोसाइनेसी

पर्याय– कुटज, कूटज, कोह, वत्सक, गिरिमल्लिका, कलिंग, शक्रशखी, इन्द्रवृक्षक, मल्लिक पुष्प, यवपुष्प

प्रयोज्यांग – तना, छाल, पत्तियाँ, बीज।

मात्रा – कषाय– 20–30 ग्राम

चूर्ण – 3–6 ग्राम

आयुर्वेदिक गुणधर्म–

रस – तिक्त, कषाय

गुण – लघु, रूक्ष

वीर्य – शीत

विपाक – कटु

दोषघ्नता – कफपित्तशामक

रासायनिक संगठन– इसके बीजों में स्टीराइडल एल्केलॉइड, एन्टीडिसेन्ड्रीसिन क्रिसटेलिन, ग्लूको–एल्केलाइड, कुर्चीसीन, होलेरेमिन इत्यादी।

यष्टीमधु–

वानस्पतिक नाम – *ग्लाईसीराईजा ग्लेब्रा*

फैमिली – *फैबेसी*

पर्याय – यष्टीमधु, यष्टी, यष्टीमधुक, मधुयष्टि, मधुक

प्रयोग्यांग – मूल

आयुर्वेदिक गुणधर्म

रस – मधुर

गुण – गुरू, स्निग्ध

वीर्य – शीत

विपाक – मधुर

दोषघ्नता – वातपित्तशामक

मात्रा – चूर्ण 3–5 ग्राम

रासायनिक संगठन– इसके मूल में ग्लाइसराइजिन, लिकोग्रोन, क्पोरसेटिन आदि।

वचा–

वानस्पतिक नाम – *एकोरस केलेमस*

फैमिली – *ऐरेसी*

पर्याय – वचा, उग्रगन्धा, षडग्रन्था, गोलोमी, लोमशः।

प्रयोग्यांग – भौमिक कन्द (मूल, राइजोम)

आयुर्वेदिक गुणधर्म

रस – कटु, तिक्त

गुण – लघु, तीक्ष्ण

वीर्य – उष्ण

विपाक – कटु

दोषघ्नता – कफपित्तशामक, पित्तवर्धक

मात्रा – 125–500 ग्राम वमन के लिए

रासायनिक संगठन– मूल त्वक में 1.5% से 3.5% एरोमिक तैल जिसमें मुख्यतया एसेरिल एल्डिहाइड होता है। इसके अतिरिक्त कोकेन, यूजिनौल, कैफेन आदि भी पाये जाते है।

नीम–

वानस्पतिक नाम – *एजाडिरेक्टा इन्डिका*

फैमिली – *मेलीएसी*

पर्याय – निम्ब, तिक्तक, अरिष्ट, पारिभद्र

प्रयोज्यांग – त्वक, फूल, पत्तीयाँ, बीज तथा तैल

आयुर्वेदिक गुणधर्म–

रस – कटु, तिक्त

गुण – लघु

वीर्य – शीत

विपाक – कटु

दोषघ्नता – कफपित्तशामक

मात्रा – छाल चूर्ण (त्वक चूर्ण) 2–4 ग्राम

पर्ण स्वरस – 10–20 ml

तैल 5–10 बूंद

रासायनिक संगठन– लिमोनाइडस, एलाडिरेकीन, एलाडिरेक्टोल, एलाडिरेक्नौल, निमोसिन, निमौलिसीनॉल आदि।

पूर्वकर्म, आहार–विहार व्यवस्था, वामक योग उनकी मात्रा तथा वमन विधि–

पूर्वकर्म– संम्भार संग्रह, आतुर परिक्षा, मात्रा विनिश्चय, आतुर सिद्धता।

संम्भार संग्रह– सभी प्रकार की सामग्री जो वमन कर्म या उपद्रवों में काम में ली जाती है सभी कुछ प्रधान कर्म से पूर्व में तैयार होनी चाहिए।

आतुर परीक्षा– रोगी वमन योग्य है या नहीं इसका निर्णय किया जाता है। आधुनिक समय में रोगी की वमन योग्य होने की पहचान श्वसन क्रिया द्वारा, हृदय क्रिया विधि, नाड़ीवह संस्थान, उदर क्रियाविधि परीक्षण तथा रोग के अनुसार अन्य परीक्षा कर यह निर्धारित किया जाता है। नाड़ी, रक्तदाब, तापमान, श्वसन क्रिया तथा अन्य मर्म स्थानों की परीक्षा भी आवश्यक है। शरीर क्रिया की परीक्षाएँ जैसे– ECG आदि भी करवाना चाहिए।

मात्रा विनिश्चय– वमन द्रव्य के लिए प्रयुक्त क्वाथ, चूर्ण, अवलेह, कल्क सभी की मात्रा रोगी के कोष्ठ पर निर्भर करती है।

1. **उत्तम मात्रा** (3 पल)– युवावस्था, विषपान रोगी, त्वक विकार, श्वास।

2. **मध्यम मात्रा** (2 पल)– मध्यम बल के व्यक्ति तथा व्याधि बल भी मध्यम है।
3. **लघु मात्रा** (1 पल)– हीन बल तथा हीन व्याधि के लिए प्रयुक्त

वमन से पहले पूर्वकर्म–

- स्नेहपान के समय भोजन
- वमन के प्रथम रात्रि पर भोजन व्यवस्था
- वमन कर्म के समय भोजन

स्नेहपान के समय अभिष्यंदि, लघु, द्रव, उष्ण गुण युक्त नागर धान्याम्बु का पान करना चाहिए।

वमन के पूर्व रात्रि को अभिष्यन्दि, कफोत्क्लेशकर आहार लेना चाहिए जो कफ तथा क्लेद दोनों की वृद्धि कर दोषों का कोष्ठ की तरफ वहन करे। वमन के दिन प्रात: यवागु मिश्रित घृतपान करना चाहिए। वमन को खाली पेट नहीं करवाना चाहिए।

स्नेहन– स्नेहपान की मात्रा मध्यम तथा उत्तम होनी चाहिए जो 50 ml तथा 200 ml होती है।

जब पूर्व रात्रि का भोजन भली प्रकार से पच गया हो तब प्रात:काल स्नेहपान करना चाहिए जब भोजन करने की कोई इच्छा जाग्रत ना हुई हो 7 दिन तक स्नेहपान, 8 वे दिन अभ्यंग स्वेदन, 9 वे दिन अभ्यंग स्वेदन कर वमन करवाया जाता है।

स्वेदन– आचार्य चक्रपाणी स्नेहन स्वेदन अर्थात् अभ्यंग-स्वेदन को 2-3 दिन तक करने को कहा है। प्रथम जब स्नेहपान पूर्ण होता है। द्वितीय उसके अगले दिन तथा तीसरा वमन के पूर्व उसी दिन अभ्यंग स्वेदन होना चाहिए।

आचार्य चरक ने बताया कि स्वेदन स्त्रोतों में स्थित दोषों को विलय कर कोष्ठ में लाता है। इसलिए इसे स्नेहपान के पश्चात् करवाना चाहिए।

मंत्रोपचारण– रोगी को वमन कर्म के लिए तैयार कर दे। रोगी को स्नेहपान स्वेदन, आहार व्यवस्था, वमन द्रव्य पान तथा प्रयुक्त औषध के बारे में सम्पूर्ण जानकारी दी जानी चाहिए। ऐसी अवस्था में चिकित्सक द्वारा काउन्सलिंग करना आवश्यक है। रोगी को सभी प्रकार के कर्म के बारे में सूचित किया जा चुका है।

इसके पश्चात् रोगी को स्वास्ति वचन (ॐ ब्रह्म दक्ष ....) कहकर सम्पूर्ण कर्म भली प्रकार से समाप्त हो ऐसी प्रार्थना की जाती है। रोगी को मानसिक रूप से शान्त रहने को कहे।

प्रधानकर्म को निम्न विधियाँ से सम्पन्न किया जाता है–

- वमनपीठ तथा रोगी की स्थिति
- सभी मर्मांगों का परीक्षण

शरीर पर रोमहर्ष को देखकर यह जाने की दोष स्थानच्युत हो रहे है। तथा कोष्ठ की ओर गति कर रहे है। कुक्षि में आध्मान होने पर यह समझे की दोष कोष्ठ में आ गये है। हल्लास और लालस्त्राव होने पर आमाशय से ऊपर मुख की ओर आ गये ऐसा समझे।

रोगी को वमन पीठ पर आरामदायक स्थिति में बिठाकर उसके शरीर को भली प्रकार से ढक देना चाहिए।

रोगी के नाभि प्रदेश पर दबाव बनाना तथा पीठ पर मालिश करनी चाहिए। मालिश की दिशा हमेशा प्रतिलोम होनी चाहिए अर्थात् नीचे से ऊपर की तरफ मालिश करनी चाहिए।

रोगी को नीचे बैठने से मना किया जाता है। क्योंकि उसमें कुछ उपद्रव होने की संभावना रहती है। रोगी को वमन के लिए दबाव बनाने का भी मना करना चाहिए ऐसा करने पर उपद्रव हो सकते है।

यदि वमन न हो रहा हो तो कमलनाल या एरण्ड नाल या स्वयं रोगी की अंगुली को कण्ठ में स्पर्श करने को रोगी से कहा जाता है।

जो वमन वेग के मध्य में वेग आते है उसे उपवेग कहा जाता है।

वमन योग, यष्ठी मधु फाण्ट आदि द्रव्य देने के पश्चात् जब वमन के वेग आने लगे तब परिचारक रोगी की पीठ नीचे से ऊपर की ओर सहलाता है तथा दूसरा परिचारक राज तथा ललाट प्रदेश को हाथों से दबाकर शीघ्र वमन करवाता है। जब तक पित्त प्रकट ना हो जाए।

वमन कर्म के समय नाड़ी, रक्तदाब, तापमान आदि बार-बार देखते रहे। जो हर 2 वेग के बाद देखे जाते है। इस समय चिकित्सक को रोगी की काउसलिंग के साथ-साथ उसका मनोबल बनाये रखने का प्रयास करना चाहिए। वमन का रंग, गंध आदि भी देखना चाहिए तथा रोगी के मुँह के स्वाद के बारे में पूँछना चाहिए।

वेग, उपवेग, मात्रा निर्धारण– औषध पिलाने के बाद जितनी बार वमन होता है उसे वेग कहते है।

प्रवर वमन में 8 वेग

मध्यम वमन में 6 वेग

अवर वमन में 4 वेग आने चाहिए।

औषध पान–

वमन पीठ तथा रोगी की स्थिति– सभी पूर्वकर्मों के पश्चात् वमन पीठ पर बिठाया जाता है।

मर्मांगों का परीक्षण– (1) वमन से पूर्व हमेशा रोगी का वजन करना आवश्यक है। तथा वमन के पश्चात् पुनः वजन करना चाहिए।

(2) नाड़ी, रक्तदाब, श्वसन, तापमान को वमन से पूर्व लेना चाहिए तथा वमन के समय भी लेना चाहिए।

(3) **औषध पान–** औषध पान तब तक करना चाहिए जब तक पेट पूर्ण रूप से भरा हुआ महसूस हो।

इसके लिए दुध, गन्ने का रस, क्वाथ, मधुयेष्ठि फाण्ट वमनोपग औषध के लिए उपयोग लिया जाता है।

शास्त्रीय मत के अनुसार मधुयष्ठि फाण्ट का उपयोग किया जाता है। तथा मुख्य वमन योग में मदनफल पिप्पली को फाणित या मधु के साथ दिया जाती है।

आचार्य चरक के अनुसार वामक औषध को वमनोपग क्वाथ के साथ तब तक देना चाहिए जब सम्यक लक्षण उत्पन्न ना हो जाए। वृद्ध तथा बलहीन व्यक्ति को पहले क्षीर, इक्षुरस देकर तत्पश्चात् वामक औषध देना चाहिए।

प्रधानकर्म, हीनयोग तथा उसकी चिकित्सा, वमन के समय, परिचारक द्वारा वेग, उपवेग, मात्रा की देखभाल, सम्यक् योग तथा अतियोग के लक्षण–

हीनयोग–	अप्रकृति	
	केवल औषध प्रकृति	कण्डु
	वेग विबन्ध	कफ प्रसेक
	हृदय अविशुद्धि	ज्वर
	स्त्रोतस अविशुद्धि	कोठ
	गुरु गात्रता	
	स्फोट	

वमन के समय रोगी की देखभाल– ***रोगी को वमन पीठ पर बिठाकर वामक योग पिलाया जाता है तथा उसकी पूर्ण रूप से देखभाल करनी चाहिए।***

रोगी को एक मुर्हुत तक ध्यान में रखे।

वमन द्रव्य रखकर उसका भार लिया जाता है। जिससे हीन, मध्यम तथा प्रवर शुद्धि का ज्ञान होता है।

2 प्रस्थ – प्रवर शुद्धि

1½ प्रस्थ – मध्यम शुद्धि

1 प्रस्थ – अवर शुद्धि

आचार्य चक्रपाणी के अनुसार 1 प्रस्थ = 13½ पल

आचार्य ने 4–8 वेग शुद्धि के माने है। उपवेग की गणना आचार्य चक्रपाणी द्वारा की गयी है। प्रायोगिक तौर पर उपवेग का दबाव तथा द्रव्य दोनों ही वेग से कम होती है। उपवेग

जो एक वेग से पहले तथा बाद में आते है को एक वेग ही माना जाता है। इसलिए एक बड़े वेग को ही वेग की संज्ञा दी गई है। आचार्य चरक के अनुसार 4, 6 तथा 8 वेग होते है।

वेग निर्धारण

वमन	**–**	**अवर शुद्धि**	**मध्यम शुद्धि**	**प्रवर शुद्धि**
वेगिकी	–	4	6	8
मानिकी	–	1 प्रस्थ	1½ प्रस्थ	2 प्रस्थ
आन्तिकी	–	पितान्त	पित्तान्त	पित्तान्त
लैंगिकी	–	सम्यक वमन के लक्षण प्राप्त		

सम्यक वमन के लक्षण – काल प्रकृति
कफ– पित्त– वात का निकलना
हृदय शुद्धि
प्रसव शुद्धि
मूर्धा शुद्धि
स्रोतस् शुद्धि
लघुता, कार्श्य, इन्द्रिय शुद्धि, कण्ठ शुद्धि
दौर्बल्य, कफ संस्राव

अतियोग के लक्षण –

तृष्णा	भ्रम
रक्तचन्द्रिका	कण्ठ पीड़ा
फैनिल वमन	तम: प्रवेश
मोह	पित्तातियोग
मूर्च्छा	दाह
वात प्रकोप	उद्गार आधिक्य
निद्रा हानि	हिक्का
बल हानि	हनुस्तम्भ
हत्पीड़ा	मुख क्लिन्ता

लैंगिकी, आन्तिकी तथा मानिकी शुद्धि–

शुद्धि का निर्धारण वमन के पश्चात् अलग–अलग तरीके से किया जाता है। आचार्य चक्रपाणी ने सम्यक् शुद्धि के लक्षणों को 4 भागों में बाँटा है।

लैंगिकी शुद्धि– क्रमश: कफ पित्त तथा अनिल का शरीर से निकलना तथा इनके लक्षणों के आधार पर सम्यक् शुद्धि का पता लगाना लैंगिकी शुद्धि कहलाती है। आचार्य

चक्रपाणी ने चारों शुद्धियों में सबसे महत्वपूर्ण इसे माना तथा आचार्य सुश्रुत ने केवल इसे ही शुद्धि का भेद माना है।

डल्हण के अनुसार वेंगिकी तथा मानिकी शुद्धि रोगी की प्रकृति, सार, संहनन, वय तथा बलादि पर निर्भर करती है। रोगी की 8 वेग से भी प्रवर शुद्धि ना हो तथा 8 से कम वेग में ही प्रवर शुद्धि हो जाये ऐसा हो सकता है।

आन्तिकी शुद्धि– पहले कफ, पित्त तथा अन्त में वात दोष का निकलना पित्तान्त शुद्धि को आन्तिकी शुद्धि कहा जाता है। इसमें मुँह का स्वाद कड़वा हो जाता है।

मानिकी शुद्धि– 2, 1½ तथा 1 प्रस्थ भार का वमन द्रव्य निकलना क्रमशः प्रवर, मध्यम तथा अवर शुद्धि में आता है। जितना द्रव्य पिलाया तथा जितना पुनः बाहर आया दोनों को नापकर मानिकी निर्धारण करना मानिकी शुद्धि कहलाती है।

वेंगीकी शुद्धि– 4, 6 तथा 2 क्रमशः अवर, मध्यम तथा प्रवर शुद्धि वेगिंकी शुद्धि कहलाती है।

पश्चात् कर्म– वमन कर्म के पश्चात् जो भी आहार, औषध दी जाती है उसे पश्चात् कर्म कहलाता है। जो इस प्रकार है– (1) धूपन (2) परिहार्य विषय (3) संसर्जन क्रम।

डल्हण ने परिकर्तिका, परिस्त्राव एवं प्रवाहिका वमन व्यापत हेतु कण्ठस्थान, श्लेष्म परिषेक एवं शुष्क उदग्रह प्रयोग करने का वर्णन किया है।

चिकित्सा–

(1) आध्मान– स्नेहन, स्वेदन, फलवर्ति, आस्थापन, अनुवासन एवं उदावर्त नाशक चिकित्सा

(2) परिकर्तिका– रूक्ष, उष्ण, लघु आहार, लंघन पाचन, सामदोष का बृंहण, कषाय प्रधान पिच्छावस्ति

(3) स्त्राव– स्नेहन एवं तीक्ष्ण विरेचन, आसव, अरिष्ट

(4) हदग्रह– कटु द्रव्यों से वमन, दीपन, पाचन

(5) गात्रग्रह– स्नेहन, स्वेदन एवं वातनाशक

(6) जीवादान– यदि कुत्ता एवं कौआ रक्त पी रहे है एवं कपड़े पर लगा रक्त का दाग धोने पर चला जाये तो यह शुद्ध रक्त (जीवरक्त) है। पित्तक्षामक चिकित्सा

(7) विभ्रंस– गुदभ्रंश में कषाय द्रव्य से गुदा परिषेक तथा संज्ञा नाश के लिए लाभदायक गाने सुनना, मंत्र आदि का जाप।

(8) स्तम्भ– पाचन, तीक्ष्ण बस्ति एवं विरेचन।

(9) उपद्रव– स्नेहन, स्वेदन, वातनाशक कर्म।

(10) क्लम– लंघन, पाचन एवं तीक्ष्ण शोधन

वमन के उपद्रव–

धूपन– चरक अनुसार जब रोगी भली प्रकार से वमन कर चुका हो, हाथ मुँह को धोकर मुर्हुत तक आराम करवाया जाता है। उसके पश्चात् उसे विरेचनिक तथा उपशमनीय धूम को 3–3 बार करवाया जाता है। तथा धूम के पश्चात् पुनः मुँह के कफ को निकाला जाता है। वमन के पश्चात् स्त्रोतों से चिपके कफ को धूपन भली प्रकार से हटाकर स्रोतों शुद्धि करता है।

वात प्रकृति	–	स्नेहन धूपन
कफ/पित्त	–	विरैचनिक धूपन
समदोष प्रकृति	–	उपशमनीय धूपन

वमन व्यापत् (वमनकर्म के उपद्रव) एवं चिकित्सा–

व्यापत् (वमनकर्म के उपद्रव)– आध्मान, परिकर्त्तिका, स्त्राव, हृदग्रह, गात्रग्रह, जिव्हादान, विभ्रंस, स्तम्भ, उपद्रव, क्लम, औषध प्रतिकूल प्रवृत्ति, वातशूल, अयोग, अतियोग, प्रवाहिका, हृदयोउपसर्पण, परिस्त्राव।

रोगी जिसका की स्नेहन एवं स्वेदन सम्यक् किया गया हो एवं वमन औषध की मात्रा ध्यानपूर्वक दी गई हो तो वमन का सम्यक् योग होगा। परन्तु व्यापत् की सम्भावना ज्ञात नहीं की जा सकती क्योंकि यह चतुष्पाद में से किसी भी एक की कमी से हो सकता है। जैसे– चिकित्सक, औषध, परिचारक एवं रोगी।

चरक द्वारा वर्णित वमन के उपद्रव–

(1) आध्मान (2) परिकर्तिका (3) स्त्राव (4) हृदग्रह (5) गात्रग्रह (6) जीवादान (7) विभ्रंश (8) स्तम्भ (9) उपद्रव (10) क्लम।

इस व्यापदो को (अयोग एवं अतियोग) के आधार पर दो वर्गों में विभाजित किया जा सकता है–

अयोग के कारण होने वाले व्यापद है आध्मान, स्त्राव, हृदरोग, गात्रग्रह, क्लम एवं कण्डू, विभ्रंश है एवं जीवादान, परिकर्तिका एवं विभ्रम (संज्ञाभ्रम) ये अतियोग के कारण हैं।

सुश्रुत ने पन्द्रह व्यापत बताये है जो निम्न हैं–

वमन की अधोगति, जीर्ण अशुद्धत्व, हीन दोष अमरत्व, वातशूल, अयोग, अतियोग, जीवादान, आध्मान, परिकर्तिका, परिस्त्राव, प्रवाहिका, हृदयोवसरण, विबन्ध एवं अंग प्रग्रह।

ससंर्जन तथा शोधन इसके पश्चात् महत्व

विभिन्न प्रकार के ससंर्जन योग–

वमन होने के बाद आमाशय में क्षोभ होने के कारण रोगी की अग्निमंद हो जाती है। इसलिए अग्नि की रक्षा हेतु लघु आहार की कल्पना की जाती है।

संसर्जन क्रम शुद्धि के आधार पर अलग–अलग दिनों की होती है। अवर शुद्धि, मध्यम शुद्धि तथा प्रवर शुद्धि के लिए क्रमश: 4, 8 तथा 12 अन्नकाल होते हैं।

प्रवर शुद्धि के लिए–

पेया शाली चावल को 14 गुणा जल में भी भली प्रकार पकाने से बनती है। अग्निवर्धन का काम करती है। यही पेया दूसरे तथा तीसरे अन्नकाल में दी जाती है।

चौथे अन्नकाल में शाली को 4 गुणा जल में पकाकर तैयार की गई विलेपी दी जाती है। जिसमें थोड़ी मात्रा में सैन्धव मिला दिया जाता है। यही विलेपी 5वें तथा 6वें अन्नकाल को दी जाती है। 7वे अन्नकाल पर यूष जो भली प्रकार से पके हुए मूंग दाल में 14 गुणा जल लेकर थोड़ा सा सैन्धव लवण मिलाकर दिया जाता है। यह भोजन 8वें तथा 9वें अन्नकाल को भी दिया जाता है।

10वें अन्नकाल में चावल के साथ पतला मांसरस जिसे सैन्धव तथा जल में भली प्रकार से पकाया गया हो वो दिया जाता है। और यही क्रियाविधि 11वे तथा 12वे अन्नकाल में दी जाती है। इसके पश्चात् 13वे अन्नकाल को रोगी को सामान्य भोजन दिया जाता है। यह अन्नकाल प्रवर शुद्धि वाले पुरुष को दी जानी चाहिए जिसमें मध्यम शुद्धि होती है उसमें 2 पेया, 2 विलेपी, 2 यूष तथा 2 मांसरस उपयोग में लिये जाते है जबकि अवर शुद्धि में 1 पेया, 1 विलेपी 1 यूष तथा 1 मांसरस ही दिये जाते है।

सुश्रुत ने यूष में कुलत्थ, आढ़क जांगल मांसरस को भी पेयादि क्रम में शामिल किया है।

डल्हण ने भी सुश्रुत का अनुसरण किया है। किन्तु क्षीण कफ में पेया वातज प्रकृति में दीपनीय मांसरस, यूष, कुलत्थ आदि कफ वृद्धि में देना हितकर माना है। चरक ने पेयादि क्रम में तर्पण को भी माना है। जब शरीर से दोष भली प्रकार से ना निकले हो तब तर्पण दिया जाता है। इसके अतिरिक्त जो मद्य लेते है तथा वात–पित्त प्रकृति वाले होते हैं। उन्हें भी तर्पण दिया जाता है। चक्रपाणी ने भी पेया, विलेपी के साथ साफ व गाढा तर्पण देने का निर्देश दिया है।

जेज्जट ने यूष रस को तर्पण माना है तथा **वाग्भट्ट** ने भी तर्पण को माना है।

अरूणदत्त ने प्रथम अन्नकाल में सत्तु को देने का निर्देश दिया है। द्वितीय अन्नकाल में औदन तथा तृतीय में मांसरस देना चाहिए। **आचार्य चरक** ने भी कुछ तर्पण योग बताये है।

शुद्धि के अनुसार संसर्जन क्रम–

दिन	अन्नकाल		प्रवर शुद्धि	मध्यम शुद्धि	अवर शुद्धि
1st	सुबह	–	वमन	वमन	वमन
	शाम	–	पेया	पेया	पेया
2nd	सुबह	–	पेया	पेया	विलेपी
	शाम	–	पेया	विलेपी	कृतअकृत यूष
3rd	सुबह	–	विलेपी	विलेपी	कृतअकृत मांसरस
	शाम	–	विलेपी	अकृतयूष	सामान्य भोजन
4th	सुबह	–	विलेपी	कृतयूष	
	शाम	–	अकृत यूष	अकृत मांसरस	
5th	सुबह	–	कृत यूष	कृत मांसरस	
	शाम	–	कृत यूष	सामान्य भोजन	
6th	सुबह	–	अकृत मांसरस		
	शाम	–	कृत मांसरस		
7th	सुबह	–	कृत मांसरस		
	शाम	–	सामान्य भोजन		

पेया – शाली चावल में 14 गुणा जल डालकर पकाकर तैयार किया जाता है।

यवागु – शाली चावल में 6 गुणा जल डालकर पकाकर तैयार किया जाता है।

विलेपी – शाली चावल में 4 गुणा जल

यूष – मूंग में 16 गुणा जल डालकर

अकृत यूष – बिना स्नेह तथा लवण से तैयार

कृत यूष – स्नेह तथा लवण युक्त

मांसरस – लावा, कपिञ्जल का मांस रस में जल, लवण तथा स्नेह मिलाकर तैयार किया गया।

परिहार विषय तथा परिहार काल–

सम्यक् धूमपान के पश्चात् रोगी को हाथ, मुँह सब धोकर रोगी को ऐसी जगह पर रहने को कहा जाता है। पूरी तरह से जहाँ सीधे हवा का सामना ना हो।

ꕥ 5 ꕥ

विरेचन कर्म

(1) व्यत्पत्ति, परिभाषा और परिचय, महत्वता एवं उपयोगिता–

1. व्यत्पत्ति– विरेचन, शब्द तीन घटकों से मिलकर बना है–

'वि' – उपसर्ग, रिचिर धातु ल्युट **प्रत्यय**

(i) रिचिर्– निकास (निकालना) (ii) रिक्– पृथक

परिभाषा– विरेचन प्रकुपित पित्त को अधोमार्ग से निर्हरण करने की श्रेष्ठ प्रक्रिया है और कफ प्रकुपित पित्त एवं पित्त संघात कफ में लाभकारी है।

परिचय– आयुर्वेद में रोगों की चिकित्सा को दो भागों में बाँटा गया है। शोधन और शमन चिकित्सा शोधन अत्यधिक प्रकुपित दोषों को शरीर से बाहर निकालता है, वहीं शमन प्रकुपित दोषों को शमित (शमन) करता है। आयुर्वेद में अधिक महत्व शोधन चिकित्सा को दिया है, क्योंकि आचार्य चरक ने कहा है कि जिन दोषों का लघंन पाचन चिकित्सा से शमन होता है पुनः उत्पन्न हो जाते है, वही शोधन से दोषों की उत्पत्ति की संभावना कभी नहीं होती। पंचकर्म चिकित्सा में वमन कर्म के पश्चात् विरेचन बड़ा कर्म सम्मिलित है, विरेचन अर्थात् पित्तादि दोषों को अधोमार्ग से बाहर निकालना है, परन्तु निरूह बस्ति भी बड़े हुए दोषों को निकालती है, परन्तु निरूह बस्ति में आमाशायाश्रित दोषों को अधोमार्ग से निर्हरण की शक्ति नहीं है अतः निरूह वस्ति को विरेचन कर्म में सम्मिलित नहीं किया गया है, विरेचन आमाशयादि दोषों को अधोमार्ग से होते हुए गुदा से बाहर निकालता है।

विरेचन कर्म का महत्व एवं उपयोगिता–

विरेचन मौसमी बिमारियों से बचाव करता है, जो पित्त से होती है इसलिये मुख्यतः शरद ऋतु में इसका प्रयोग करते है। यह मुख्यतः पैत्तिक विकारों पर कार्य करता है एवं उत्तरवर्ती समस्त पैत्तिक विकारों को शान्त करता है जैसे– घर में लगी आग पानी से शान्त होती है साथ ही यह कफ मिश्रित पित्त दोष एवं जब कफ दोष पित्त के स्थान पर रहता है क्योंकि वात दोष भी मृदु संशोधन स्नेहन स्वेदन से शान्त होता है।

(2) अनुलोमन स्रंसन, भेदन, रेचन, कर्म की उदाहरण सहित जानकारी–

1. अनुलोमन– शार्ङ्गधर के अनुसार जो औषध आम दोष का पाचन कर मल का विघटन कर मल को सघन (सुगठित) बना देता है। और उसे अधोमार्ग की ओर धकेलता है उसे अनुलोमक विरेचन औषध कहते है, उदाहरण– हरीतकी यह औषध मल के आम दोष का पाचन करते है, यह प्रक्रिया धीरे करती है, सुश्रुत ने अनुलोम सार कहा है एवं डल्हण ने अनुलोमन को वात एवं कफ का निर्हरण का कारण बताया है, भावमिश्र ने कहा है कि

अपचित दोष मल स्वरूप है और कहा है कि जो औषध उनको बाहर निकाले वह अनुलोम कहलाती है। अनुलोम का अर्थ वायु के बन्ध को हटाना है।

2. **स्रंसन–** शार्ङ्गधर के अनुसार जो औषध आम दोष का पाचन न करे परन्तु औषध फसे हुये मल को आन्त्र से अधोमार्ग और फिर बाहर निकाल दे उसे स्त्रंसन कहते है,

उदाहरण– आरग्वध

भावमिश्र के अनुसार मलादि शब्द से तात्पर्य कफ और पित्त से लिया है, अत: स्रंसन के क्षेत्र को फैलाना अत: अनुलोमन एवं स्रंसन में अन्तर है स्रंसन में पचित मल अनुपस्थित है जो कि स्रंसन के शक्तिशाली गुण को दर्शाता है।

भेदन– शार्ङ्गधर के अनुसार जो औषध सघन, ठोस, शुष्क एवं कठोर मल को टुकड़े में तोड़कर अधोमार्ग से बाहर निकाल दे, उसे भेदन कहते है, उदाहरण : कुटकी।

इसका चिकित्सीय कार्य स्रंसन से अधिक तेज असर होता है, यहाँ औषध की क्षमता अधिक है और यह कठोर पिण्डित मल को निकालने में सक्षम है, भावमिश्र ने बताया कि अबद्ध, शिथिल बंध और पिण्डित आकार की गुटिका बताया है।

रेचन– जो औषध पक्त और अपक्त मल को पतला कर अधोमार्ग से बाहर निकाल दे, रेचक औषध कहलाती है।

उदाहरण– त्रिवृत यह औषध सबसे शक्तिशाली है। सभी विरेचन औषध से आढ़मल मतानुसार वह रेचन औषध न केवल पचित और अपचित मल को जलीय रूप में निकालती है, परन्तु यह अति शीघ्रता से करती है। रेचन शब्द विरेचन के समान है परन्तु पूर्वकर्म एवं पश्चात् कर्म के अभाव में स्थानिक प्रभाव दिखाता है।

(3) विरेचन औषध का विस्तृत अध्ययन– त्रिवृत, एरण्ड, आरग्वध, कुटकी, जयपाल

त्रिवृत–

- बोटिनिकल नेम– *ऑपरकुलिन टुरपेथम*
- फेमिली– *कॉनवोल्युलेसी*
- पौराणिक (पारम्परिक) नाम– त्रिवृत, त्रिभिण्डी, त्रिपत्ता, सरला, सुवहा, रेचनी, त्रिपुटा
- उपयोगी भाग– मूल

आयुर्वेदिक गुण :

रस – तिक्त, कटु, मधुर, कषाय
गुण – लघु, रूक्ष, तीक्ष्ण
वीर्य – उष्ण

विपाक – कटु

दोषाधिक्य – कफ पित्त शामक संशोधन

प्रभाव – विरेचन

मात्रा – 1–3 ग्राम

रासायनिक संघटन– एन–इथर अघुलनशील ग्लाइकोसाइड–टुरपेन्थीन और दो अन्य घुलनशील ग्लाइकोसाइड और β टुरपेन्थीन, कॉमरिन–स्कोपालेटिन शर्करा के साथ (ग्लूकोस) 4'– ओ मेथील पिगनीन, ल्यूटालीन और इसके यौगिक, अनुवांशिक प्रोटोकेटेचिक गनीलिक पी–क्यूमेरिक मेलियोटिक और फेरूलिक अम्ल, टुरपेन्थीन अम्ल, ए, बी, सी, डी और ई सेपोनिन।

एरण्ड–

- बॉटनिकल नाम– *रिसिनस कोमिनिस*
- फेमिली– *यूफोरबिएसी*
- पौराणिक/पारम्परिक नाम : एरण्ड, शूलेरण्ड, आमडा, चित्रा, गन्धर्वहस्त, वातारी, भुस्बुका, स्बुका, उत्तान पत्रिका व्याधमनका।
- उपयोगी भाग– मूल, पत्र, पुष्प, बीज, बीज तेल

आयुर्वेदिक गुण :

रस – मधुर, अनुरस– कटु, कषाय

गुण – स्निग्ध, तीक्ष्ण, सूक्ष्म

वीर्य – उष्ण

विपाक – मधुर

दोषहनता – कफ वात शामक

मात्रा – मूल चूर्ण 10–20 ग्राम

बीज – 2–6

बीज तेल – 4–16 ml

रासायनिक संघटन– बीज और पत्र के घटक– एल्केलोइड रिसिनिन रिसिन और 1–मैथील 3–साइनो 4–मेथॉक्सी–2– पाइरोडिन और बीज में फलेवोनाइड ल्यूसीनिन अधिक समय प्रयोग हेतु एरण्ड तेल प्रयोग से उदर में निर्जलीकरण साथ इलेक्ट्रोलाइट असमानता एवं पोषक तत्व के अवशोषण में कमी आती है। इसके शक्तिशाली रेचक क्रिया के कारण इसका प्रयोग गर्भाशय संकोचक का कारण बनता है। गर्भावस्था के दौरान, एल्बुमिन, रिसिन दोनों विषयुक्त घटक है। एरण्ड बीज के और जो कि अधिक विषाक्त है मनुष्यता हेतु और पशुओं में रिसिन के कारण नेत्र में शोध व्याप्त होता है। कीट लार्वा के विरुद्ध रिसिन विषाक्तता दर्शाता है।

आरग्वध–

- बॉटनिकल नाम– *केसिया फिस्टुला*
- फेमिली (कुल)– *सिसलपिडियेसी*
- पौराणिक/पारम्परिक नाम– आरग्वध, राजवृक्षक, शम्पाक, चतुर-अंगुल, सुर्वणक, व्याधिगंधा, आरेवता, कीटमाला, स्वर्ण भूषण
- उपयोगी भाग– मूल, छाल, पत्र, पुष्प, फल, गुदा

आयुर्वेदिक गुण :

रस – मधुर
गुण – गुरू, स्निग्ध, मृदु
वीर्य – शीत
विपाक – मधुर
दोषघ्नता – वात पित्त शामक, कफ पित्त संशोधक

मात्रा– फल गुदा 5–10 ग्राम, (रेचक मात्रा 10–20 ग्राम), मूल चूर्ण का क्वाथ– 50–100 मि.ली., पुष्प– 5–10 ग्राम

रासायनिक संघटन– फल के गुदा में प्रोटीन कार्बोहाइड्रेट अर्गेनिन, ल्यूसिन, मिथियोनिन फेनिललिनिन, ट्रिप्टोफेन अस्पार्टिक ग्लूटेमिक अम्ल, ग्लूकोज सुक्रोज और फ्रुक्टोज पत्र में रेनिन और इसके ग्लाइकोसाइड सिनेसाइड एवं और बी अमलताश में बहुत ही कम विषाक्तता होती है।

कुटकी–

- बॉटनिकल नाम– *पिक्रोराइजा कुरवा*
- फेमिली (कुल)– *स्कॉरफुलेरियसी*
- पौराणिक/पारम्परिक नाम– कुटका, कटुरोहणी

आयुर्वेदिक गुण :

रस – तिक्त
गुण – लघु, रूक्ष
वीर्य – शीत
विपाक – कटु
दोषघ्नता – कफ पित्त शामक

जयपाल–

- बॉटनिकल नाम– *क्राटन टिगलियम*
- फेमिली (कुल)– *यूफोराबियसी*

- पौराणिक/पारम्परिक नाम– द्रवन्ती, दन्तबीज

आयुर्वेदिक गुण :

रस	–	कटु
गुण	–	गुरू, रूक्ष
वीर्य	–	उष्ण
विपाक	–	कटु
दोषघ्नता	–	कफ पित्त शामक

रासायनिक संघटन– इसके बीज के घटक में 30–45% तेल है जिसमें 1–3% विषाक्त रिसिन है, जब तेल शरीर के सम्पर्क में आता है तो फफोले बन जाते है, इसकी प्रकृति रेचक है।

(4) विरेचन द्रव्यों को अध्ययन कर उनकी गुण दोष और संचालन की विधि (दवा देने की विधि)–

आचार्य चरक के अनुसार 245 विरेचन के योग है। जिनमें श्यामा त्रिवृत–110, आरग्वध–12, तिल्वक–16, स्नुही–20, सप्तला और शंखिनी–39, दन्तीद्रवन्ती–48

- **मूलनी द्रव्य–** विषानिका, ग्वाक्षी, सप्तला, आवर्तकी, अजगंधा द्रवन्ती, विधारा, श्यामा, त्रिवृत, श्वेत त्रिवृत, हस्तीदन्ती, दन्ती, शंखिनी, स्वर्णक्षीरी, चित्रिका, ह्स्व पंचमूल, वृषिका, पुनर्नवा वत्सक, साल
- **फलिनि–** विंडग, जलज क्लीतक (मधुयष्ठी) स्थलज क्लीतक (मधुयष्ठी) लता करंज, शांखिनी, उद्कीर्या, आरग्वध, कम्पिलक, अन्त:कोटर
- **पुष्प–** पुगा, हरितकी, आमलकी, विभितक, नीलिनी अमलताश, एरण्ड, कम्पिलक, पिलू, प्रियाल कुवला, बद्रा, कर्कन्ध, काश्मर्य, परूषक द्राक्षा
- **क्षीरिणी द्रव्य–** स्नुही और अर्क ज्योतिष्मति सप्तछंद
- **त्वक–** पुतिक छाल, तिल्वक, काम्पिलक, पाटला

आचार्य चरक के अनुसार शांखिनी का प्रयोज्यांग फल है जबकि सुश्रुत ने मूल को विरेचन हेतु बताया है।

सुश्रुत ने प्राथमिकता की दृष्टि से निम्न विरेचन औषध बतायी है–

श्रेष्ठ मूल (मूल विरेचन)	–	श्यामा त्रिवृत्त
श्रेष्ठ त्वक (त्वक् विरेचन)	–	तिल्वक
श्रेष्ठ फल (फल विरेचन)	–	हरितकी
श्रेष्ठ तेल (तेल विरेचन)	–	एरण्ड तेल

श्रेष्ठ ज्यूस (स्वरस) (स्वरस विरेचन) - कारवेल्लक
श्रेष्ठ दुध (पायस विरेचन) - सुधा-स्नुही

विरेचन द्रव्यों की विशेषता-

विरेचन द्रव्य जल एवं पृथ्वी महाभूत से मिलकर बनते है जिस कारण से इनके अधिक वजन से अधोगति होती है इसलिये विरेचन द्रव्य अधोमार्ग से शरीर से बाहर निकलते है, विरेचन औषध मुख्यत इसके प्रभाव से कार्य करती है। इसके मुख्य विशेषताएँ है-

तीक्ष्ण, उष्ण, सूक्ष्म, विकासी, व्यवायी गुण-

(A) **तीक्ष्ण**- तीक्ष्ण गुण दाह, पाक, स्त्राव उत्पन्न करता है, अत: एक निष्कर्ष निकलता है कि तीक्ष्ण गुण छोटे बड़े कणों को तोड़कर अलगकर शाखा से आमाशय एवं आमाशय से कोष्ठ तक ले जाता है औषध के अणु प्रवण भाव से।

(B) **उष्ण**- औषध के उष्ण गुण से पाचन, दहन स्वेदन उत्पन्न होकर औषध कोशिकीये स्तर तक फैलती है।

(C) **सूक्ष्म**- हेमाद्रि के अनुसार सूक्ष्म गुण में मार्ग को चौड़ा करके सूक्ष्म/छोटे मार्ग से निकलने की क्षमता होती है।

डल्हण ने बताया है कि सूक्ष्म गुण मार्ग बनाता है जिससे वमन औषध को सूक्ष्म मार्ग तक पहुँचाया जा सके, और दुषित तत्व को हटाकर आमाशय तक पहुँचाता है वमन हेतु इसके भौतिक संघटन में अग्नि, वायु और आकाश महाभूत की प्रदानता होती है।

(D) **विकासी**- औषध का विकासी गुण सन्धियों में शिथिल करता है। विशेषत ओज को इससे पूर्व किसी ने बताया है कि वमन औषध कोशिकीय स्तर पर विकासी गुण के कारण पहुँचता है, साथ व्यवायी भी है और वह सूक्ष्म मार्ग में प्रवेश करते है, उनके तीक्ष्ण गुण के कारण दूषित तत्व को साफ करता है । खर गुण से और आमाशय के जरिये संचरित होता है।

(E) **व्यवायी**- व्यवायी औषध जब शरीर में प्रवेश कराते है तब उसकी क्रिया तुरन्त होती है पाचन से पूर्व ही इस गुण के कारण वमन औषध शोषित हो और आगे की क्रिया हेतु तुरन्त फैलती है। इस कारण इसे व्यवायी गुण कहते है। व्यवायी गुण के (शरीर) फैलने हेतु द्रव गुण आवश्यक है, व्यवायी गुण के कारण वमन औषध शरीर में जल्दी फैल जाती है। एवं पाचन से पूर्व ही क्रिया प्रारम्भ हो जाती है।

(F) **सारता**- सारता गुण वमन औषध हेतु सुश्रुत ने बताया है। डल्हण ने बताया कि सारता मतलब अनुलोमन अर्थात् फैलने की प्रवृत्ति है, यह गुण औषध की क्रिया को बताने की प्रवृत्ति रखता है इस गुण के कारण वमन औषध देने के बाद लगातार कार्य करती है बिना किसी रूकावट के (स्थिर गुण के विरुद्ध) ऐसा कहा जाता है कि इस गुण के कारण वामक औषध सूक्ष्म मार्ग से होकर दोषों को कोष्ठ और फिर शरीर से बाहर निकाल देती है।

(5) कोष्ठ निर्णय और अग्नि विवेचन –

विरेचन कर्म के आधार पर क्रूर एवं मृदु कोष्ठ अलग–अलग देखने को मिलते है। यदि ग्रहणी में पित्त अधिक बड़ा हुआ हो तो विरेचन कर्म आसानी से होता है।

मृदु कोष्ठ– जिस व्यक्ति की पाचन क्षमता कम एवं ग्रहणी में पित्त दोष अधिक होता है और पित्त प्रकृति व्यक्ति, तीक्ष्णाग्नि उनमें विरेचन इनसे होता है– गुड़, ईख, दही का पानी, खिचड़ी, गम्भारी, द्राक्षा, पिलु, त्रिफला, गर्म पानी एवं नये एवं ताजा मद्य पदार्थ से।

मध्यम कोष्ठ– जिस व्यक्ति में कफ दोष बड़ा हुआ होता है और कफ प्रकृति एवं मदांग्नि व्यक्ति।

क्रूर कोष्ठ– जिस व्यक्ति में वात दोष ग्रहणी में अधिक होता है और वात प्रकुपित व्यक्ति और विषाग्नि उसमें विरेचन गुड़, ईख (गन्ना), दही के पानी, खिचड़ी, गम्भारी, द्राक्षा, पिलू, त्रिफला, गर्म पानी एवं नये और ताजा मद्य से विरेचन नहीं होता।

(6) विरेचन हेतु योग्य एवं अयोग्य व्यक्ति–

विरेचन हेतु योग्य व्यक्ति–

- ज्वर
- श्वास
- अर्बुद
- गरविष
- पाण्डु
- कास
- भगन्दर
- विसूचिका
- कामला
- स्वयथु
- अर्श
- अलसक
- हलीमक
- कुष्ठ
- विद्रधि
- उदर्द
- नेत्रदाह
- विसर्प
- ग्रन्थि
- अरोचक
- पैत्तिक व्याधि
- हृदरोग
- गलगण्ड
- अविपाक
- पक्वाशय रोग
- प्लीहा
- वृद्धि
- विबन्ध
- शिर:शूल
- अंग
- ओष्ठव्रण
- आनाह
- पार्श्व रोग
- निलिका
- अपच
- उर्ध्व रक्तपित्त
- गुल्म
- विस्फोट
- तिमिर
- उदावर्त
- वातरक्त
- उन्माद
- अभिष्यन्द
- छर्दि
- प्रमेह
- अपस्मार
- कांच
- मूत्राघात
- नेत्रस्त्राव
- ॠतु दोष
- अक्षिपाक
- शस्त्र क्षत
- आस्य स्त्राव
- योनिदोष
- क्रिमिकोष्ठ
- क्षाराग्नि दग्ध

विरेचन हेतु अयोग्य व्यक्ति–

- विलम्बिका
- दुर्बलेन्द्रिय
- सुकुमार
- श्रृतक्षीण
- दुर्बल
- उपवासित
- अल्पाग्नि
- श्रान्त

- पिपासित
- वृद्ध
- अभिहत
- कर्मभाराध्वता (कार्य से थका हुआ)
- बाल
- अतिकृश
- अतिस्थूल
- दारूण कोष्ठ
- क्षाम
- गर्भिणी
- भक्त (भुक्त)
- अतिसार
- नवप्रतिश्याय
- रात्रि जागरण
- अतिस्निग्ध
- अतिरूक्ष
- भयभीत
- चिन्ता प्रासक्त
- मैथुन प्रासक्त
- अध्ययन प्रसक्त
- व्यायाम प्रसक्त
- शल्यार्दित
- कामादि आग्रह
- निरूद्ध
- नवज्वर
- गुद क्षत
- मुक्त नाल
- मदात्यय
- आध्मान
- राजयक्ष्मा
- अधोग रक्त पित्त

(7) विरेचन पूर्व वमन का महत्व–

पंचकर्म चिकित्सा में वमन कर्म को विरेचन कर्म से अग्र रखा गया है, क्योंकि यदि विरेचन का प्रयोग वमन से पूर्व/के बिना करने से प्रकुपित कफ दोष नीचे ग्रहणी में आता है और ग्रहणी को ढ़क देता है, जिसके कारण भारी होकर यह प्रवाहिका उत्पन्न करता है।

(8) विरेचन विधि (विरेचन प्रक्रिया)–

विरेचन कार्य तीन भागों में विभाजित है–

(i) पूर्व कर्म (ii) प्रधान कर्म (iii) पश्चात् कर्म

(i) **पूर्व कर्म**– विरेचन कर्म देने से पूर्व चिकित्सा प्रधान कर्म हेतु उपायों पर विचार किया जाता है।

सम्भार संग्रह– विरेचन कर्म से होने वाले उपद्रव को सम्भालने हेतु औषध और आवश्यक उपकरण की व्यवस्था और इनको प्रधान कर्म से पूर्व सुव्यवस्थित रखना।

आतुर परीक्षा– विरेचन योग्य रोगी और अविरेच्य रोगी दो भागों में विभाजित किया गया है। चयन के बाद रोगी को इनके आधार पर पूर्णत परीक्षा की जाती है। दोष, औषध, देश, काल, सात्म्य, अग्नि, सत्व, वय, बल आदि के अनुसार परीक्षा की जाती है।

आतुर सिद्धता– पूर्व कर्म में आतुर सिद्धता अधिक महत्वता रखती है पाचन, दीपन, स्नेहन, स्वेदन उपाय बताये है विरेचन कर्म देने से पूर्व।

आमदोष के पाचन एवं मंदाग्नि को बढ़ाने के क्रम में पाचन दीपन देते है। आभ्यान्तर स्नेहपान से दोषों को धीरे–धीरे बढ़ाते है, उपयुक्त मात्रा देते हुये, स्नेह की प्रारम्भिक मात्रा अलग–अलग अग्नि एवं कोष्ठ पर निर्भर करती है।

मात्रा विनिश्चय– विरेचन औषध की मात्रा आतुर के अग्नि कोष्ठ बल दूषित दोष पर निर्भर करती है। शाङ्गर्धर ने विरेचन औषध की मात्रा बतायी है।

	उत्तम मात्रा	मध्यम मात्रा	हीन मात्रा
क्वाथ	2 पल (8 तोला)	1 पल (4 तोला)	½ पल (2 तोला)
मोदक, कल्क, चूर्ण	4 तोला	2 तोला	1 तोला
स्नेह	5-10 तोला	2-5 तोला	½-2 तोला

(9) पूर्व कर्म– स्वेदन, भोजन और आहार विरेचन कर्म से पूर्व–

स्नेह देने की अधिकतम अवधि 7 दिन एवं कम से कम 3 दिन बतायी गयी है। आभ्यान्तर स्नेहन पूर्ण होने पर जब सम्यक् स्नेहन के लक्षण दिख जाये तब 3 दिन पश्चात् विरेचन देना चाहिए इन तीन दिनों में स्नेहन स्वेदन देते हुए लघु आहार देना चाहिये। जागलं मांस रस अकफवर्धक आहार विरेचन कर्म से पूर्व देना चाहिए।

(10) प्रधान कर्म–

विरेचन देने से पूर्व का मूल्यांकन (निर्धारण) करना, वेग, उपवेग और मात्रा लैंगिक, वैगिकी आन्तिकी, मानिकी, सम्यक शुद्धि के लक्षण, अतियोग, हीनयोग और उनकी व्यापत्ति के उपचार–

विशेष दिन में शुभमुहूर्त प्रात:काल रोगी के भोजन का पाचन हुआ या नहीं पूछकर वह रात को ठीक से सोया या नहीं उसकी मानसिक स्थिति जानकर उपर्युक्त मात्रा में विरेचन औषध देना। इसको रिक्त आमाशय में देते हैं। आचार्य वाग्भट् ने बताया है कि विरेचन विधि कफ काल बीतने के बाद देते है, विरेचन द्रव्य देने से पूर्व मार्ग को स्नेहन, स्वेदन और वमन से शुद्ध करते है, क्योंकि कफ दोष ग्रहणी को ढ़के हुये रहता है, जो कि गौरवता एवं प्रवाहिका का कारण होता है, विरेचन से एक दिन पूर्व लघु आहार देते है, बाद में निम्बू रस गर्म जल के साथ व्यक्ति (रोगी) को देना चाहिये। व्यक्ति की कोष्ठ अवस्था (क्रूर और मृदु) अविज्ञात कोष्ठ में मृदु विरेचन देते है, जांगल रस, स्निग्ध यूष मल को उत्कलेशित करता है कफवर्धक आहार हो छोड़कर चार तरह से शुद्धि लैंगिक, आन्तिकी, वैगिक, मानिक देखते है, परन्तु इनमें से महत्वपूर्ण लैंगिक शुद्धि हैं–

शुद्धि	प्रवर	मध्यम	अवर
वैगिक	30 वेग	20 वेग	10 वेग
मानिकी	4 प्रस्थ	3 प्रस्थ	2 प्रस्थ
आन्तिकी	कफान्त	कफान्त	कफान्त

विरेचन के सम्यक योग के लक्षण–

(1) स्त्रोतों शुद्धि (2) इन्द्रीय प्रसाद (3) लघुता (4) अग्निवृद्धि (5) अनामयत्व (6) क्रमशः, विट्र पित कफागम (7) वातानुलोमन (8) अयोग के लक्षण अनुपस्थित।

विरेचन के अतियोग के लक्षण–

(1) कफ क्षयज विकार (2) पित्त क्षय विकार (3) सुप्ति (4) अगमंर्द (5) क्लम (6) वेपथु (7) निद्रा (8) बलाभाव (9) तम:प्रवेश (10) उन्माद (11) हिक्का (12) मूर्च्छा (13) गुदभ्रंश (14) कफ पित्त रहित श्वेत जल निकलना (15) उदक निर्हरण (16) पित्त रहित लोहित निर्हरण (17) मांस धोवन वत, उदक स्त्राव (18) तृष्णा (19) भ्रम (20) नेत्र प्रवेशन (21) रक्त क्षयज विकार।

विरेचन के हीन योग के लक्षण–

(1) कफ प्रकोप (2) पित्त प्रकोप (3) वात प्रकोप (4) अग्निमांद्य (5) गौरव (6) प्रतिश्याय (7) तन्द्रा (8) छर्दि (9) अरूचि (10) वात प्रतिलोमता (11) दाह (12) हृदय अशुद्धि (13) कुक्षि अशुद्धि (14) कण्डु (15) वात संग (16) मूत्र संग (17) पिडिका।

व्यापद्–

स्नेहन स्वेदन के ठीक प्रकार से होने के पश्चात् रोगी को यदि विरेचन औषध सही तरीके से एकाग्र दिमाग (बुद्धि) के साथ देते है तो विरेचन का सम्यक् योग उत्पन्न होता है परन्तु उपद्रव की सम्भावना से इन्कार नहीं कर सकते क्योंकि यह चतुष्पाद में से किसी एक की गलती से भी हो जाता है। जैसे– चिकित्सक, औषध, परिचारक, रोगी।

चरक ने निम्न विरेचन व्यापद् बताये है–(1) आध्मान (2) परिकर्तिका (3) स्त्राव (4) हृदग्रह (5) गात्रग्रह (6) जीवादान (7) विंभ्रश (8) स्तम्भ (9) उपद्रव (10) कल्म।

मुख्यत: कारण के आधार पर व्यापद दो भागों में विभाजित किये गये है, अतियोग एवं अयोग। अयोग विरेचन इन उपद्रवों हेतु उत्तरदायी है– आध्मान, स्त्राव, हृदरोग, गात्रग्रह, कल्म और कण्डु विभ्रंश का भेद, जीवादान परिकर्तिका और विभ्रम (संज्ञा भ्रंश) ये अतियोग से होते है।

सुश्रुत ने 15 उपद्रव/व्यापद बताये है जो इस प्रकार है– (1) विरेचन की अधोगति (2) अवशेष औषध (3) जीर्ण औषधता (4) हीन दोष अपृथत्व (5) वातशूल (6) अयोग (7) अतियोग (8) जीवादान (9) आध्मान (10) परिकर्तिका (11) परिस्त्राव (12) प्रवाहिका (13) हृदयोपसरण (14) विबंध (15) अन्नपरिग्रह

डल्हण ने बताया है कि कंठशुष्कता, श्लेष्मप्रसेक और शुष्क उद्‌गार के (बजाय) स्थान पर परिकर्तिका प्रवाहिका और परिस्त्राव को विरेचन व्यापद लिया जाना चाहिये।

- अध्मान
- परिकर्तिका
- स्त्राव
- हृदरोग
- गात्रग्रह
- जीवादान
- विभ्रम
- स्तम्भ
- उपद्रव
- कल्म
- औषधि प्रतिकूल प्रवृत्ति
- अवशेष औषधता
- हीन दोष अपृथत्व
- वातशूल
- अयोग

- अतियोग
- हृदयोपसरणं
- विबन्ध
- प्रवाहिका
- परिस्त्राव

संसर्जन क्रम–

परिहार्य विषय और परिहार काल–

विरेचन के पश्चात् मधुर एवं अविदाही द्रव्य लेना चाहिए। रूक्ष द्रव्यों का त्याग करना चाहिए। उचित खट्टा एवं नमकीन भोजन एवं उष्ण स्निग्ध भोजन देना चाहिए, धूम्रपान नहीं देना चाहिए, व्यक्ति को आराम कराना, स्नेहपान, तर्पण कर्म को इन परिस्थितियों में किया जाता है यदि अनुचित शोधन होता है– रोगी मद्य का आदि हो, रोगी वात–पित्त प्रकृति का हो, इस कर्म में पेया के स्थान पर स्वच्छ तर्पण एवं विलेपी के स्थान पर घन तर्पण देते है। तर्पण कर्म हेतु मूंग, यूष, मांस रस, सत्तु आदि उपयोगी है। इन परिस्थितियों/अवस्थाओं का त्याग (संयम नियम) करना चाहिये। उच्च स्वर में बोलना, अधिक आहार करना, अधिक बैठना, अधिक घूमना, क्रोध, दुःख, दिवाशयन, यात्रा, रात्रि जागरण, इसके साथ प्रकृति चीजों को बनाये रखना चाहिये। मैथून, विरूद्ध आहार करना, तेज शीत, धूल, धूप में रहना, धूम्रपान राहत की बेहतर समझ हेतु इस दृष्टिकोण में लापरवाही नहीं बरते, डल्हण ने पुनः तीन घटकों में विभाजित किया है– कायिक, वाचिक, मानसिक।

विरेचन की कार्मुकता– विरेचन औषध के उपरोक्त गुण बताये है– तीक्ष्ण, उष्ण, सूक्ष्म, व्यवायी और विकाशी पहले/पूर्व में प्रत्येक हृदय में बाद में व्यक्ति की क्षमता के आधार पर सवीर्यन, स्वप्रभाव से धमनियों में फैलता हुआ (धमनीस्त्रोतस) बड़े स्त्रोतस और छोटे स्त्रोतस में फैलता है, (स्थूलऽनुस्त्रोतभ्याह) फिर इसके विस्यन्दन गुण के कारण दोष स्त्रावित होता है, इसका तीक्ष्ण गुण दोषों का विच्छेदन (तोड़ता) करता है (दोष सघात) अतः स्नेहन स्वेदन विरेचन पूर्व देते है, प्रकुपित दोष बाद में इसमें सम्मिलित होते है। शरीर में मालिश (दबाव) से जहाँ कही भी पालन नहीं होता जैसे शहद का दबाव वाहिनियों में पालन नहीं करता। बाद में आमाशय में आते है। दो गुणों के कारण प्राकृतिक वितरण सूक्ष्म धमनियों और प्रवण भाव से (कोष्ठ गमन मुख–चक्रपाणी) कोष्ठ में जाने की प्रवृत्ति मुख्यतः विरेचन औषध में पृथ्वी व जल महाभूत की अधिकता से होती है। दोनों महाभूतों की प्रवृत्ति नीचे की ओर गमन करना है। आमाशय स्थित दोष अधोभाग से बाहर जाते है, अधोभाग ग्राही से यह महाभूत विरेचन द्रम है। विरेचन कर्म की प्रक्रिया का नियमन और नियन्त्रण होता है। विशेष केन्द्र द्वारा जो कि मेड्यूला आब्लम गेटा के पास मस्तिष्क में रहता है (यह केन्द्र त्रिकस्थान पर उपस्थित होता है।) जो कि बन्द रहता है, त्रिकहड्डी जो कि नियन्त्रण एवं नियमन करती है। विरेचन क्रिया पर विरेचन क्रिया का स्थानीय शरीर के हिस्से की प्रतिक्रिया से भी नियन्त्रण एवं नियमन होता है, निर्हरण की क्रिया के द्वारा न श्वसन क्रिया बाधित होती है, क्षण भर हेतु डायफ्राम क्रियाशील होती है अनुप्रस्थ बृहदान्त्र को दबाता है। एक साथ उदर की गौण मांसपेशिया भी क्रियाशील होती है, जो कि मल को नीचे गुदा की ओर मल को धकेलने में मदद करती है, साथ में ताला तन्त्रिका जाल को उत्तेजित करती है

तब क्रमांकुचन क्रिया लागू होती है, तब आन्त्र की समस्त तत्व/सामग्री नीचे मलाशय की ओर आते है, अन्त में गुदा से बाहर निकलते है। तब ऐच्छिक और अनैच्छिक सृंजन क्रिया प्रारम्भ होती है। परिणामत: अन्त में मल निर्हरण होता है।

आधुनिक विज्ञान के अनुसार वर्गीकरण–

रेचक– इन औषधियों (दवाओं) का वर्गीकरण कभी–कभी तीव्रता के आधार पर करते है। जैसे– सोम्य, मध्यम, भीषण रेचक का प्रभाव से मूलायम मल निर्मित एवं बिना अधिक (मजबूती) पकड़ के और अधिक जल की हानि के बिना निर्हरण होता है। अधिक मात्रा में दोषों के साथ कही रेचक प्रवाहिका को उत्पन्न करते है, जिसका मतलब है कि अधिक विरेचन और अधिक तरल पदार्थ मल मार्ग से निकल जाते है। दवा जो भोजन के मार्ग में तेजी लाते है।

Bulk purgative रेशेदार रेचक– आहार रेशे मिलकर यदि कोशिका दिवार में अवशोषित होते हैं सब्जी और भोजन के घटक, सेल्यूलोज, पेक्टीनस्, ग्लाइको प्रोटीन और दूसरे पोलीसेकेराइड् परासरणीय सक्रिय उत्पाद जो आन्त्र में बनते है। पेक्टीन से बेक्टीरिया किण्वन गिरावट होती है, जो कि जल और आहार के रेशों (फारबर) पर क्रिया करते है।

आन्त्र में बेक्टीरिया वृद्धि में सहायक है, जो कि मल की मात्रा में हिस्सा लेते है, (मसूडे, Ligin's और पेक्टिन) कुछ रेशे पित्त अम्लों को बांधते है और प्रेरित करता है चेहरे की अभिव्यक्ति को एवं यकृत में कोलेस्ट्रॉल की गिरावट को बढ़ावा देता है– प्लाज्मा, LDL, कोलेस्ट्रॉल कम होता है। अधिक मात्रा में रेशेदार भोजन का सेवन उचित क्रिया है। कार्यात्मक विबन्ध से बचाव एवं ईलाज हेतु।

परासरणी विरेचक– विलेय पदार्थ जो कि आन्त्र में अवशोषित नहीं होते परासरणी दाब बनाये रखने और परोक्ष रूप से आन्त्र प्रकुंचन को बढ़ाना है। मेगनिशीयम आयन, कोलेक्टोफिनिन मुक्त करता है, जिसके विरेचक क्रिया हेतु मेग्निशियम लवण है, सभी अकार्बनिक लवण की परासरणी विरेचन क्रिया समान होती है। भिन्नता केवल मात्रा में होती है, स्वादिष्ट और प्रणाली/स्त्रोतसगत विषाक्तता का खतरा।

रिनल इनसुफिसियन्सी में मेग्नीशियम लवण नहीं देते है। सोडियम लवण को C.H.F. के रोगीयों में नहीं देते और अन्य सोडियम की अवस्था बनाये रखने हेतु बार–बार सेलाइन (लवणीय) विरेचक का प्रयोग तरल द्रव एवं इलेक्ट्रालाईट असन्तुलन पैदा करता है, ऐसा निष्कर्ष निकलता है, कम अवशोषित विलेय जो कि द्रव के बढ़े हुये तरल पदार्थ की मात्रा बनाये रखते है। पेट के घटक द्रव्यों (सामग्री) को आन्त्र से होते हुये बड़े आंत्र तक हस्तांतरित किया जाता है, आन्त्र में बड़ी हुयी मात्रा का परिणाम होता है विरेचन, लवणीय विरेचक उदाहरण– ($MgSO_4$) मेग्निशियम सल्फेट मल की मात्रा को दुगुना बढ़ाता है।

उत्तेजक विरेचक– आन्त्र की श्लेष्मकला को उत्तेजित करता है स्थानिक उत्तेजक अनैच्छिक क्रिया द्वारा जैसे एरण्ड तेल, इनमें शक्तिशाली विरेचक एवं दबाव उत्पन्न करता

है। वे उत्तेजक आन्त्र श्लेष्मकला और जिसके फलान्तर मोटर गतिविधियों को प्रोत्साहित करता है, इसी के समान उनमें प्रथम गति बढ़ती है। Mesentsic Plexuses (मिजेन्ट्रिक प्लेक्सस) पर क्रिया के द्वारा और महत्वपूर्ण क्रिया है कि तन्त्र श्लेष्मिक कला में अवशोषण और स्त्राव की गतिविधि बदलकर नलिका (Lumen) में पानी और इलेक्ट्रोलाइट जमा की जाती है।

अधिक मात्रा में उत्तेजक विरेचक अधिक विरेचन का कारण बनते है जो कि तरल एवं इलेक्ट्रोलाइट का असन्तुलन बनाता है, हाइपोकेलेमिया नियमित प्रयोग से उत्पन्न होता है, नियमित और लम्बी अवधि तक प्रयोग हतोत्साहित करता है। एवं आन्त्र में कमजोरी उत्पन्न करता है। एरण्ड तेल छोटी आन्त्र में जल अपघटन करता है।

रासायनिक संघटन– इसमें दो घटक ग्लाइकोसाइड पिक्रोराइजिन कुटकिन मेनीटोल कुटकी आयल।

ॐ 6 ॐ

बस्ति कर्म

1. बस्तिकर्म की व्युत्पत्ति, परिभाषा, परिचय एवं उपयोगिता और महत्व

व्युत्पत्ति– बस्ति शब्द की उत्पति, वस में तिच् प्रत्यय से बना है। और यह पुल्लिंग शब्द है।

परिभाषा– बस्ति वह प्रक्रिया है जिसमें प्राणियों के मूत्राशय के द्वारा औषधियों का आभ्यांतर प्रविष्ट गुदामार्ग से करवाया जाता है।

आचार्य चरक के अनुसार– जो बस्ति नाभि प्रदेश–कटि–पार्श्व–कुक्षि तक जाकर सम्पूर्ण मलसंघात को आलोडित कर तथा शरीर को स्निग्ध कर मल तथा दोषों के साथ आसानी से निकल आती है।

सामान्य परिचय– सामान्यत: शोधन पंचकर्म का पर्याय है। इसके अन्तर्गत वमन, विरेचन, अनुवासन, निरूह और नस्य कर्म आते है। उपरोक्त पंचकर्मों में से बस्ति सबसे महत्वपूर्ण कर्म है क्योंकि अनेक प्रभाव करती है। आयुर्वेद के आचार्यों के अनुसार पित्त और कफ, वात पर निर्भर है। बस्ति कर्म वृद्ध वात दोष को अन्य दोषों के साथ मिलकर हरण करती है। बस्ति को सम्पूर्ण चिकित्सा की अर्द्ध चिकित्सा कहा गया है। वृद्ध वात दोष को हरण करने के लिए बस्ति सबसे महत्वपूर्ण कर्म है। लेकिन सुश्रुतानुसार अन्य घटक द्रव्यों का उपयोग करके पित्तज, कफज रोगों में भी प्रयोग किया जाता है। बस्तिकर्म संशोधन व संशमन दोनों कर्म करती है। बस्ति चिकित्सा के वृष्य, कृश पुरुष को बृंहण करने में स्थौल्य को कृश करने में, दृष्टिवर्धन में आदि कर्म है। इसलिए बस्ति कर्म का प्रयोग अनेक तरीके से चिकित्सा करने में किया जाता है।

बस्ति की उपयोगिता एवं महत्व–

बस्ति अर्द्ध चिकित्सा क्यों है ?

वात दोष/व्याधि के लिए बस्ति कर्म सबसे महत्वपूर्ण है। वात दोष त्रिदोषों में से सबसे प्रभावी दोष है। वाग्भटनुसार बस्ति कर्म की अलग–अलग दोष, दूष्य व अधिष्ठान के अनुसार रोगों में उपयोग किया जाता है। 80 प्रकार के वात रोगों में बस्ति चिकित्सा का उपयोग किया जाता है। बस्ति द्रव्य बढ़े हुए वात दोषों का शोधन व शमन में प्रयोग किया जाता है। इस प्रकार बस्ति के अन्य चिकित्सा प्रयोग है– वीर्य का पुर्नस्थापन में, कृश पुरुष का बृंहण करने में, स्थौल्य का कृश करने में, दृष्टिवर्धन में, वयस्थापक आदि में। शाखा, कोष्ठ, मर्म, अस्थि, संधि आदि से उत्पन्न रोगों की चिकित्सा करने में बस्ति कर्म सबसे महत्वपूर्ण है। स्वेद, मल, मूत्र, कफ तथा अन्य शारीरिक द्रव्यों को गति देने के लिए वात ही

उत्तरदायी है। वात दोष को शरीर से निष्कासन करने के लिए बस्ति चिकित्सा प्राथमिक चिकित्सा है। बस्ति चिकित्सा बढ़े हुए वात दोषों की निष्कासन करने के साथ-साथ वात के सामान्य कर्म को भी नियंत्रित करती है। बस्ति कर्म के चिकित्सकीय प्रयोग बहुत ज्यादा महत्वपूर्ण होने के कारण बस्ति को अर्द्ध चिकित्सा कहा गया है।

निरूह बस्ति वय स्थापन, सुखआयुकर, बलवर्धक, क्षुधावर्धक, मेधावर्धक होती है। निरूह बस्ति का प्रयोग विभिन्न प्रकार के रोगों में तथा भिन्न-भिन्न आयु में किया जाता है। निरूह बस्ति वात, पित, कफ व मल, मूत्र को नियंत्रित करती है। शुक्रधातु में स्थित वृद्ध दोषों को शरीर से निकालकर मजबूती प्रदान करती है। वात व्याधि के अलावा निरूह बस्ति, पित्त, कफज़, रक्तज, संसर्गज, सन्निपातिक आदि रोगों में भी उपयोगी होती है।

स्नेह बस्ति, क्षणिक शामक प्रभाव व बलवर्धक होती है। यह बस्ति वीर्य, बल, वर्ण, अग्नि की पुष्टि करती है।

गुदा शरीर का मूल होता है। बस्ति कर्म में तैल का उपयोग करके बस्ति के द्वारा नाभि प्रदेश में पहुंचाया जाता है। नाभि प्रदेश सिरा व धमनी का मूल स्थान होता है। नाभिप्रदेश से उपस्थित सिरा धमनी के द्वारा सम्पूर्ण शरीर को पोषण प्रदान करती है। जिस प्रकार वृक्ष में जड़ों के द्वारा पानी को अवशोषित करके फल, फूल, छाल, तना, पत्तियाँ इत्यादि को पोषण प्रदान होता है। उसी प्रकार बस्ति कर्म से शरीर को पोषण प्रदान होता है। उपयुक्त प्रकार से दी गई बस्ति पक्वाशय, श्रोणी, नाभि प्रदेश में स्थित रहती है। बस्ति द्रव्य भिन्न-भिन्न स्त्रोतस तक पहुँचकर शरीर में शमनादि कर्म करती है। बस्ति देने के बाद बस्तिद्रव्य गुदा प्रदेश से अपान वायु के साथ बाहर आ जाता है। इस प्रकार बस्ति से सिर से लेकर पाद तक सम्पूर्ण दोषों का शोधन होता है।

बस्ति द्रव्य पक्वाशय में स्थित रहते है तथा पृष्ठ, कटि, कोष्ठ प्रदेश में संचित दोषों को पक्वाशय तक पहुंचाने में सहायक है तथा पक्वाशय में आये हुये में दोषों का बस्तिकर्म के द्वारा हरण किया जाता है।

कर्म, संख्या और अधिष्ठान के आधार पर बस्ति के प्रकार–

(i) कर्म के आधार पर बस्ति–

चरकानुसार– वातघ्न बस्ति, पितघ्न बस्ति, कफघ्न बस्ति, बलवर्णकृत बस्ति, स्नेहनीय बस्ति, कृमिघ्न बस्ति, वृष्यकृत बस्ति, पक्याशय शोधन बस्ति, संग्राही बस्ति।

सुश्रुतानुसार– शोधन बस्ति, संग्राही बस्ति, लेखन बस्ति, स्नेहन बस्ति, बृंहण बस्ति।

वाग्भटानुसार– उत्क्लेशन बस्ति, दोषहर बस्ति, शमन बस्ति।

(ii) संख्या के आधार पर बस्ति–

(A) **कर्म बस्ति–** कुल बस्ति संख्या = 30, इसमें 12 निरूह और 18 अनुवासन बस्ति है।

सबसे पहले अनुवासन = 1, फिर क्रम से अनुवासन = 12 निरूह = 12, अन्त में अनुवासन = 5

(B) **काल बस्ति–** कुल = 16 इसमें 6 निरूह और 10 अनुवासन बस्ति है। क्रम सबसे पहले अनुवासन = 1 फिर क्रम से अनुवासन = 6 निरूह = 6 अन्त में अनुवासन = 3

(C) **योग बस्ति–** कुल = 8 इसमें 3 निरूह और 5 अनुवासन बस्ति है। क्रम– सबसे पहले अनुवासन = 1 फिर क्रम से अनुवासन = 3 निरूह = 3 अन्त में अनुवासन = 1

(D) **चार्तुभद्रिक बस्ति–** इसका वर्णन आचार्य कश्यप ने किया। इसमें पहले 4 दिन स्नेह बस्ति, फिर 4 निरूह बस्ति और अन्त में 4 स्नेह बस्ति देते है। कुल 12 बस्ति योग है।

(iii) अधिष्ठान के आधार पर बस्ति–

(A) **पक्वाशयगत बस्ति–** जो गुदामार्ग से दी जाती है और औषध द्रव्य का अधिष्ठान पक्वाशय होता है। इसमें निरुह व अनुवासन बस्ति दोनों शामिल है।

(B) **गर्भाशयगत बस्ति–** अपत्यपथ से गर्भाशय में औषधद्रव्य को पहुंचानी वाली बस्ति गर्भाशयगत बस्ति कहलाती है।

(C) **मूत्राशयगत बस्ति–** मूत्रमार्ग से मूत्राशय में औषधों को पहुंचाने वाली बस्ति मूत्राशयगत बस्ति कहलाती है।

गर्भाशयगत और मूत्राशयगत बस्ति को 'उत्तर बस्ति' कहते है।

(D) **व्रणगत बस्ति–** व्रणमार्ग से व्रण में औषधद्रव्य द्वारा दी गई बस्ति व्रणबस्ति कहलाती है।

(iv) द्रव्य भेद से बस्ति–

(i) **निरूह बस्ति** (आस्थापन बस्ति)– वातादि दोषों को शरीर से बाहर निकाल देने के कारण इसे निरुह कहा जाता है और वयः स्थापन के कारण इसे आस्थापन बस्ति भी कहते है। यह मुख्यतया कषाय कल्पना है।

(ii) **अनुवासन बस्ति** (स्नेह प्रधान बस्ति)– जो बस्ति शरीर के अंदर रहते हुए भी कोई दोष उत्पन्न नहीं करती तथा प्रतिदिन दी जा सकती है वह अनुवासन बस्ति कहलाती है। इसमें मुख्यतया औषधीय तैल, घी आदि आते है।

(v) मात्रा भेद से बस्ति–

(i) **निरुह– द्वादश प्रासृतिक बस्ति–** निरुह बस्ति में अधिकतम बस्ति द्रव्य की मात्रा द्वादश प्रसृत (लगभग–960 ml) होती है।

(ii) **निरुह– प्रासृतयौगिकी बस्ति–** आचार्य चरक ने विविध प्रकार की निरुह बस्ति अलग-अलग मात्रा जैसे– चतुप्रासृतिक, पंचप्रासृतिक, षष्ठप्रासृतिक, सप्तप्रासृतिक, अष्टप्रासृतिक, नवप्रासृतिक और दशप्रासृतिक बस्ति को रोगी की सामर्थ्य व गंभीरता को देखकर देने को कहा है। इसे प्रासृतयौगिकी बस्ति कहते है।

(iii) **निरुह पादहीन बस्ति–** इस बस्ति के अन्तर्गत तीन प्रसृत कुल निरुह (¼ द्वादश प्रसृत) बस्ति को लेते है अर्थात् चौथाई भाग कुल निरुह का लेते है इसलिए इसे पादहीन बस्ति कहा है। इस बस्ति की मात्रा 3 प्रसृत है। (लगभग 240 ml)

(iv) **अनुवासन स्नेह बस्ति–** निरुह बस्ति का ¼ भाग स्नेह लेते है। जिसे 'स्नेह बस्ति' कहते है। उत्तम मात्रा स्नेह की लगभग 240 ml दी गई है।

(v) **अनुवासन–मात्रा बस्ति–** मध्यम मात्रा स्नेह की लगभग 120 ml लेते है।

(vi) **अनुवासन बस्ति–** ह्रस्व मात्रा स्नेह की लगभग 60 ml लेते है।

(1) बस्ति यंत्र– बस्तिकर्म में जिस यंत्र का उपयोग किया जाता है उसे बस्ति यंत्र कहते है। इसके दो भाग होते है– (i) बस्तिनेत्र (ii) बस्तिपुटक

(i) बस्तिनेत्र– यह एक प्रकार का नलिका यंत्र है। जो बस्तिपुटक से जुड़ा रहता है। यह नलिका सोने, चांदी, तांबे, कांसा, रांगा, अस्थि, वेणु, नाखुन, श्रृंग, मणि, प्लास्टिक, रबर आदि से बना होता है।

बस्ति नेत्र का आकार– बस्तिनेत्र के दो सिरे होते है अग्र और पश्च। बस्तिनेत्र का अग्रभाग संकरा होता है। जबकि पश्च भाग चौड़ा होता है। यह चिकना और बिना मुड़ा हुआ होता है।

आयु के अनुसार नलिका की लम्बाई का प्रमाण होता है।

छः वर्ष तक – 6 अंगुल

बारह वर्ष तक – 8 अंगुल

वयस्क – 12 अंगुल

बस्तिनेत्र दोष– अगर बस्तिनेत्र सम्यक् आकार व आकृति का नहीं है तो यह कई प्रकार के उपद्रव करता है।

आचार्य सुश्रुत ने 11 नेत्रदोष माने है जबकि आचार्य चरक ने 8 नेत्रदोष बताये है।

	चरक	**सुश्रुत**		**चरक**	**सुश्रुत**
1.	ह्रस्व	अतिस्थूल	7.	पार्श्व छिद्र	सूक्ष्म छिद्रता
2.	दीर्घ	कर्कश	8.	वक्रता	अति छिद्रता
3.	तनुता	अवनता	9.	×	अति दीर्घता
4.	स्थूलता	अनुभिन्नता	10.	×	अतिह्रस्व
5.	जीर्णता	सानिकृष्ट कर्णिका	11.	×	असृमता
6.	शिथिलबन्धन	विप्रकृष्ट कर्णिका			

(ii) बस्तिपुटक– यह वह भाग है जिसमें बस्ति दी जाने वाली औषध रखी जाती है जो संकोच–प्रसरणशील थैली की तरह होती है।

प्राचीनकाल में इसको पशुओं (जैसे- बैल, भैंस, सूअर, बकरी आदि) के मूत्राशय से बनाया जाता था।

बस्तिपुटक बस्तिनेत्र से जुड़ा रहता है। आजकल प्लास्टिक थैली या एनिमा पोट (प्लास्टिक या रबर से जुड़ी हुई नालिका अलग-अलग प्रमाण की जो बस्ति द्रव्य के अनुसार बनायी जाती है।)

बस्तिपुटक दोष- बस्तिपुटक इन दोषों से मुक्त होना चाहिए- (1) विषमता (2) छिद्रता (3) जालयुक्त (4) स्निग्धता (5) मांसलता (6) स्थूलता (7) वातलता (8) क्लिन्नता

उपयोगिता व महत्व-

बस्तिद्रव्यों को बस्तिपुटक में डालकर बस्तिनेत्र को तैल से स्निग्ध करे फिर गुदा को तैल से स्निग्ध कर फिर बायें हाथ की तर्जनी अंगुली से बस्तिनेत्र के अग्र भाग को गुदा से 2-4 अंगुल दूर रखकर प्रवेश कराये।

बस्तिदान विधि- यह बहुत महत्त्वपूर्ण है कि रोगी को बस्ति देने की विधि है। आचार्य चरक ने-

इसके तीन पद है- (1) पूर्व कर्म (2) प्रधान कर्म (3) पश्चात् कर्म।

अनुवासन बस्ति के योग्य-

शोष, मर्माघात, प्लीहावात, गुल्म, मूत्रकृच्छ, पक्ताशयशूल, कक्षिशूल, वातकुण्डल, योनिशूल, उदावर्त, संधिग्रह, गात्रवस्थान, गात्र भेद, अपतानक, अर्दित आदि।

→ रूक्ष शरीर → तीक्ष्ण अग्नि → निरुह योग्य → वात रोगी

→ शोषण योग्य → स्तम्भन योग्य → भंजन योग्य

अनुवासन बस्ति के अयोग्य-

- कामला
- नवज्वर
- पाण्डु रोग
- अभुक्त (खाली पेट)
- अजीर्ण
- ह्रदयग्रह
- प्रमेह और मधुमेह
- अर्श
- प्रतिश्याय/पीनस
- अरोचक
- मंदाग्नि
- विसर्प
- दौर्बल्य और कृश
- कृमि
- उन्माद
- भगन्दर
- राजयक्ष्मा
- अपची
- प्लीहा रोग
- उरुस्तम्भ
- कफज उदर रोग/उदर रोग
- पितज व कफज अभिष्यन्द
- गुरुकोष्ठ
- श्लीपद
- गलगण्ड
- वर्चोभेद
- स्थौल्य

- कास और श्वास
- शोथ
- विष पीत
- उर: क्षत
- कफज रोग
- असहिष्णु बाल, वृद्ध
- क्षीणता, वात दोष के कारण नहीं
- गर्भिणी
- भय, शोक, श्रम
- पिपासा और कण्ठ शोथ
- मूर्च्छा
- छर्दि
- कुष्ठ

आस्थापन बस्ति के योग्य–

- सर्वांग वात
- एकांग वात
- पक्षाघात
- उदर रोग/ वातोदर
- वात, मल, मूत्र, शुक्र अवरोध
- बल, व्रण, मांस, शुक्र
- आध्मान
- आनाह
- सुप्ति
- कृमिकोष्ठ
- उदावर्त
- शुद्ध अतिसार/अतिसार
- तिमिर
- पर्व भेद
- अभिताप
- प्लीहा रोग
- गुल्म/वात और रक्त गुल्म
- शूल/शर्करा शूल
- हृद्रोग
- भगन्दर
- उन्माद
- ज्वर/जीर्ण ज्वर
- वर्धन
- शिर:शूल / शिरोरोग
- हृदय, पार्श्व, पृष्ठ और कटि की स्तम्भता (जकड़ाहट)
- हनु जकड़ाहट, मन्या स्तम्भता, योनि स्तम्भता
- वेपथु
- अक्षिपाक
- गौरव
- अतिलाघव
- रज:क्षय
- विषमाग्नि
- स्फिग्, जानू शूल
- शोष
- स्तम्भ
- आत्रकुंजन
- परिकर्तिका
- वातव्याधि
- प्रतिश्याय
- खुड्रोग
- अश्मरी/शर्करा
- मूढगर्भ
- अधिमन्थ
- अर्दित
- उपदंश
- मूत्रकृच्छ/मूत्रग्रह
- बस्तिकुण्डल
- शुक्र, आर्तव
- स्तन्यनाश

आस्थापन बस्ति के अयोग्य–

- अजीर्ण
- अरोचक
- असहिष्णु,बालक, वृद्ध
- क्षीण
- उर:क्षत
- पीतस्नेह
- उत्क्लेशता दोष
- मंदाग्नि
- यान से थकान
- अतिदुर्बल
- क्षुधार्त
- पाण्डु
- तृष्णा/कण्ठशोष
- श्रमता
- अतिकृश
- भुक्तवत्
- पीतोदक
- वामित

- नस्य किया हुआ
- क्रोधी
- भ्रम
- स्थौल्य
- प्रसेक छर्दि
- निष्ठिविका
- श्वास
- कास
- हिक्का
- बद्धोदर, छिद्रोदर, दकोदर
- आध्मान
- अलसक
- विसूचिका
- आमप्रजाता
- अतिसार/आमज अतिसार/रक्तज अतिसार
- मधुमेह/प्रमेह
- कुष्ठ
- शूनपायु
- अर्श
- हृद्रव
- व्याधि युक्त
- शोथ
- चिन्ता, ईर्ष्या
- मैथुन के बाद
- रात्रि जागरण

अनुवासनोपयोगी और आस्थापनोपयोगी द्रव्य–

अनुवासन द्रव्य– सभी प्रकार के तैल।

अनुवासनोपग द्रव्य– रास्ना, देवदारू, बेल, मदनफल, शतुपुष्पा, वृश्चिर, पुनर्नवा, गोक्षुर, अग्निमंथ, श्योनाक।

आस्थापन में उपयोगी औषध–

आस्थापन द्रव्य– श्योनाक, काश्मर्य, पृश्निपर्णी, निदग्धिका, बला, श्वदंष्ट्रा, वृहती, एरण्ड, पुनर्नवा, यव, कुलत्थी, कोल, गुडुची, मदनफल, पलाश, पाटला, अग्निमंथ, बिल्व, त्रिफला, शतपुष्पा, सर्षप, वचा, एला, त्रिकटु, रास्ना, सरल, देवदारू, हरिद्रा, यष्टिमधु, हिंगु, कुष्ठ, मुस्ता, उशीर, चन्दन, कपूर, मंजिष्ठा, त्रायमाण, रसांजन, बिल्वगिरी, थवानी, इन्द्रयव, काकोली, क्षीरकाकोली, जीवक, ऋषभक, मेदा, महामेदा, ऋषि, वृद्धि, मधुर्लिका, कुटज, कुष्ठ, देवदाली, वचा, दशमूल, कृतवेधन, कुलत्थ

आस्थापनोपग द्रव्य– पिपली, कुष्ठ, सर्षप, त्रिवृत, बिल्व, वचा, वत्सक का फल, शतपुष्पा, मधुक, मदनफल।

आस्थापन द्रव्य कल्प– रस के आधार पर इसको छः स्कन्ध में बांटा गया है– मधुर स्कन्ध, अम्ल स्कन्ध, लवण स्कन्ध, कटु स्कन्ध, तिक्त स्कन्ध, कषाय स्कन्ध।

फलिनी द्रव्य– धामार्गव, इक्ष्वाकु, जीमतक, कृतवेधन, मदनफल, कुटज, त्रपुष, हस्तिपर्णी।

अन्य– मूत्रद्रव्य, दुग्ध, स्नेह, अम्ल वर्ग, क्वाथ, मांसरस, लवण, मधु, सभी संशोधन द्रव्य, शर्करा।

पूर्व कर्म–

बस्ति में पूर्वकर्म का बहुत महत्व है। सबसे पहले रोगी की सम्पूर्ण पुरानी जाँच व इतिव्रत से अवगत होना चाहिए। यह कर्म बस्ति चिकित्सा 'मील के पत्थर' के समान है।

चरक संहिता में इसके अन्तर्गत दोष, औषध आदि का परीक्षण करके करना चाहिए। यह परीक्षण विधियां बहुत महत्त्व रखती है। इन परीक्षणों के साथ-साथ रोगी का अभ्यंग व स्वेदन भी बस्तिदान से पूर्व करना चाहिए। स्नेहन के लिए औषधीय तैल का प्रयोग करे फिर बाद में स्वेदन स्टीम/गर्म पानी/टेप स्वेद/सर्वांग स्वेद आदि से स्वेदन करना चाहिए। मुख्य रूप से यह कटि, वक्षंण और पक्वाशय पर करना चाहिए। रोगी को यह सलाह दे कि हल्का भोजन व थोड़ी देर पैदल घूमे। सोने से पूर्व रोगी मल-मूत्र से निवृत्त हुआ हो। फिर रोगी पर्याप्त ऊँचाई वाली टेबल पर लेट जाए जिस पर सिर थोड़ा नीचा तथा पैर थोड़े ऊपर हो। रोगी बांयी पार्श्व करवट लेकर सोये तथा उसका दांयें पैर आधा मुड़ा हुआ हो। सभी औषध द्रव्यों को क्रम से मिश्रण करे सबसे पहले मधु, सैन्धव, स्नेह, कल्क, क्वाथ और अन्त में आवाप द्रव्यों को एक-एक करके अच्छे से मिश्रण तैयार कर ले। फिर इस मिश्रित चूर्ण को और महीन करके गर्म पानी में मिलाकर सुखोष्ण बना ले।

इस बस्ति द्रव्य को बस्ति यंत्र में डालकर बस्ति नेत्र के अग्र भाग को तैल से स्निग्ध करे तथा गुदा भाग को भी तैल से मालिश कर ले। फिर धीरे-धीरे बांये हाथ की तर्जनी अंगुली से गुदा भाग को पकड़कर नलिका के अग्र भाग को बस्ति नेत्र को 2-4 अंगुल तक गुदा के भाग से अंदर प्रविष्ट कराये। फिर इसी अवस्था में रोगी को बस्ति द्रव्य को अंदर पहुंचाये।

बस्ति द्रव्य अंदर जाने के बाद बस्ति नेत्र को बाहर निकाल ले। निरुह बस्ति हमेशा खाली पेट ही देनी चाहिए। अनुवासन बस्ति खाने के तुरन्त बाद देनी चाहिए। बस्ति शरद, ग्रीष्म और वर्षा ऋतु में रात्रि में तथा शीत और बसन्त ऋतु में दिन में देनी चाहिए।

मात्रा– आचार्य सुश्रुत ने प्रत्येक द्रव्य की मात्रा बतायी है।

द्वादश प्रासृतिक आस्थापन बस्ति–

मधु	-	2 प्रसृति
सैन्धव	-	1 अक्ष
स्नेह	-	3 प्रसृति
कल्क	-	1 प्रसृति
क्वाथ	-	4 प्रसृति
अवापद्रव्य	-	2 प्रसृति

अनुवासन–स्नेह बस्ति– निरुह बस्ति की ¼ मात्रा को 'स्नेह बस्ति' कहते है। उत्तम मात्रा स्नेह की लगभग 240 ml है।

अनुवासन–मात्रा बस्ति– मध्यम मात्रा स्नेह की लगभग 120 ml दी है।

प्रधान कर्म– बस्ति प्रणिधान विधि–

जब रोगी के लक्षण जीर्ण आहार युक्त हो तब दे तथा रोगी की क्षुधा वृद्धि न हुई हो।

अभ्यंग और नाड़ी स्वेदन के बाद रोगी को बायीं पार्श्व करवट में टेबल पर लिटाते है। टेबल साफ सुथरी व बैड शीट से ढकी हुई होनी चाहिए। फिर रोगी को अपने बांये हाथ का तकिया लगाकर सुलाये और बायां पैर एकदम सीधा और दांहिना पैर जानुसंधि तथा वक्षंण संधि से मोड़कर बांये पैर पर रखे। फिर सुखोष्ण स्नेह को गुदामार्ग से प्रविष्ट कराये तथा सम्पूर्ण द्रव्य अन्दर जाने के उपरांत बस्तिनेत्र पर रूई के फोये को या अंगूठे को रख दे ताकि वायु का प्रवेश गुदा में न हो। उसके बाद बस्तिनेत्र को मेरूरज्जु के समानान्तर प्रवेश कराये। फिर बस्तिपुटक को बांये हाथ से पकड़कर फिर दांये हाथ से दबाते हुए न तो ज्यादा तेजी से और न ही धीरे धीरे द्रव्य को अंदर प्रविष्ट कराये द्रव्य को एक निश्चित दाब से प्रवेश कराये। बिना हाथ कंपकपाये। बस्ति द्रव्य को अंदर प्रवेश कराते वक्त रोगी को मुँह खोलकर सांस लेने को कहे। तथा बस्तिपुटक में जब कुछ द्रव्य रह जाये तब हटा ले अन्यथा गुदामार्ग में वायु प्रवेश कर जायेगी। फिर रोगी सीधे लेट जाये तथा बस्तिदाता उसके स्फिक् प्रदेश पर 3–4 बार थपथपाये। फिर रोगी के स्फिक के नीचे तकिये रख दे तथा जब उसे मल त्याग की इच्छा हो तब वह उत्कटासन स्थिति में बैठकर ही मल त्यागे।

निरुह बस्ति देते समय सावधानियाँ–

- रोगी सदैव सम्यक् स्थिति में लेटे। (वामपार्श्व)
- गुदा और बस्तिनेत्र को सदैव तैल से स्निग्ध करे।
- बस्ति को तेजी से अंदर प्रविष्ट न कराये।
- बस्तिद्रव्य को बहुत धीरे–धीरे भी न दे।
- बस्तिनेत्र का अग्रभाग सीधा होना चाहिए।
- रोगी खाली पेट होने पर ही बस्ति देवे।
- कंपकंपाते हाथों से बस्ति न दे क्योंकि इससे गुदा में घाव हो जाता है।
- बस्ति देने के बाद बस्तिनेत्र को धीरे से बाहर निकाले।
- बस्ति देने के बाद रोगी ½ से 1 मिनट तक उसी अवस्था में लेटा रहे।
- बस्ति द्रव्य को सम्पूर्ण गुदा में प्रविष्ट न कराये कुछ द्रव्य शेष रहने देना चाहिए। अन्यथा वायु पक्वाशय में प्रवेश कर दर्द व अन्य उपद्रव पैदा कर देती है।

अनुवासन बस्ति– यह बस्ति भोजन करने के तुरन्त बाद देनी चाहिए। अनुवासन बस्ति विरेचन के 9 दिन बाद देते है।

ऋतु अनुसार अनुवासन बस्ति–

शरद, ग्रीष्म, वर्षा ऋतु	– रात्रि में
शीतकाल, बसन्त ऋतु	– दिन में

स्नेह बस्ति की सावधानियाँ–

- अनुवासन में कच्चा तेल न दे क्योंकि यह हमेशा गुदा को स्निग्ध रखता है।

- एक बार में स्नेह बस्ति न दे क्योंकि गुदा मार्ग में वायु उत्पन्न हो जाती है।
- स्नेह दोनों मार्गों से मुँह व गुदा से एक साथ न दे क्योंकि इससे वात दोष और जठराग्नि नाश होता है।
- स्नेह के उपद्रव वात, पित, कफ, मल
- खाली पेट स्नेह बस्ति न दे क्योंकि इससे उपद्रव हो जाते है।

मात्रा बस्ति– इसकी मात्रा 1½ पल बतायी है। लगभग 60 ml होती है। बस्ति का प्रत्यागमन काल 3 याम होता है (9 घण्टे)। शरीर में रूके रहने पर भी मात्रा बस्ति कोई नुकसान नहीं करती है।

मात्रा बस्ति में स्नेह की बहुत कम मात्रा होती है। जिसकी वजह से स्नेह शरीर में अवशोषित हो जाता है।

बस्ति प्रत्यागमन– निरुह बस्ति का प्रत्यागमन काल अधिकतम एक मुहुर्त (48 मिनट) होता है तथा अनुवासन बस्ति का 3 याम (9 घण्टे) होता है। प्रत्यागमन काल में बस्ति का प्रत्यागमन नहीं हो तो विष्ठम्भ, शूल, अरति, ज्वर और मृत्यु भी हो सकती है। बस्ति प्रत्यागमन नहीं हो तो तीक्ष्ण बस्ति, फल वर्ति, श्रोणि प्रदेश में स्वेदन, उत्कटासन तथा विरेचन औषधियों का प्रयोग करके बस्ति का प्रत्यागमन कराया जाता है।

जब तक बस्ति का प्रत्यागमन नहीं हो तब तक चिकित्सक को रोगी का निरीक्षण करते रहना चाहिए।

काश्यपानुसार यापना बस्ति मृदु प्रकृति की होती है इसलिए वह लम्बे समय तक शरीर में रहती है। तीक्ष्ण बस्ति सौ मात्रा के बाद प्रत्यागमन हो जाता है। इस प्रकार अति तीक्ष्ण बस्ति का प्रयोग नहीं करना चाहिए।

निरुह बस्ति के सम्यक् योग के लक्षण–

- प्रसृतविटक
- लाघवम्
- रूचि
- प्रसृतमूत्र
- प्रसृतवातानुलोमन
- अग्नि वृद्धि
- बलवर्धन
- प्रकृति स्थापन
- मल, पित, कफ, वायु का निष्कासन

अनुवासन बस्ति के सम्यक् योग के लक्षण–

- सृष्टवेग
- लघुता
- वात का निष्कासन
- मल का निष्कासन
- ओष, चोष रहित उपद्रव
- रक्त धातु प्रसादक
- बलवर्धक
- बुद्धि व इन्द्रियप्रसादक
- स्वप्नानुवृति

निरुह बस्ति के अतियोग के लक्षण–

- अंगसुप्ति
- अंगमर्द
- तम:प्रवेश
- कल्म
- कम्प
- उन्माद
- निद्रा
- दौर्बल्य
- हिक्का

अनुवासन बस्ति के अतियोग के लक्षण–

- संमोह
- उल्लास
- विकर्तिका
- साद
- मूर्च्छा
- गुद परिकर्तिका

निरुह बस्ति के अयोग के लक्षण–

- शिरोरूजा
- प्रतिश्याय
- श्वासकृच्छ्ता
- हृतरूजा
- विकर्तिका
- अल्प वेग
- बस्तिरूजा
- हल्लास
- जाड़यता
- लिंगरूजा
- मूत्रसंग
- शोफ
- वातसंग

अनुवासन बस्ति के अयोग के लक्षण–

- रूजा
- खरता
- रूक्षता
- ग्रह– मल, मूत्र व अपान वायु का अवरोध हो जाना।

पश्चात कर्म– परिहार्य विषय, काल–

रोगी को पीठ के बल लिटाकर 3 बार धीरे-धीरे हर एक तलवे (पैर का), नितम्ब पर तीन बार थपथपाये।

पैरों के तलुओं पर मालिश करे। अगर रोगी को विरेचन होता है तो उसे विरेचन के लिए जाने दे। किन्तु अगर अनुवासन बस्ति दिया गया स्नेह वापस आ जाता है तो दोबारा उसे अनुवासन बस्ति दे। मल के साथ बस्ति द्रव्य के बाहर आ जाने पर अगर रोगी को भूख लगती है तो हल्का भोजन दे।

अगर निरुह बस्ति दी जा रही है और वह एक मुहुर्त के पश्चात् वापस नहीं आती है तो दूसरी निरुह बस्ति जिसमें स्नेह, सार, मूत्र, अम्ल आदि तीक्ष्ण द्रव्यों हो उसे दे। अगर निरुह बस्ति तुरन्त वापिस आ जाती है और रोगी में वांछित लक्षण नहीं दिखाई देते हो तो उसे 2 या 3 बस्ति फिर से दे।

अगर रोगी में वात वृद्धि के लक्षण दिखाई देते है तो स्नेह बस्ति दी जानी चाहिए।

बस्ति कर्म के लिए संसर्जन क्रम की आवश्यकता नहीं होती है।

बस्ति कर्म के पश्चात् प्रकृति स्थापन हो जाने पर इन चीजों का त्याग करे– जोर से बोलना, अधिक मात्रा में खाना खाना, ज्यादा देर तक बैठना, ज्यादा खाना, क्रोध करना, दोपहर में सोना, रात्रि जागरण, आते हुए वेगों को रोकना, मैथुन, गरिष्ठ भोजन न ले, सीधी धूल, धुआं में न जाये। उपरोक्त लक्षणों को डल्हण ने तीन भागों में विभाजित किया– कायिक, वाचिक और मानसिक।

(10) बस्ति व्यापद और उनकी चिकित्सा–

1. स्नेह बस्ति के 6 व्यापद निम्न है–

वात दोष की अधिक वृद्धि तथा शीत वीर्य द्रव्यों से बनायी हुई तथा कम मात्रा में दी गई बस्ति स्नेह का वात दोष के कारण अवरोध करती है।

इससे अंगमर्द, ज्वर, वेष्टन, आध्मान, शीत, स्तम्भन, पार्श्व व उरु में शुल उत्पन्न करता है।

कारण– वात की प्रधानता होने पर पर्याप्त मात्रा में स्नेह का प्रयोग न करे।

चिकित्सा– माक्षिक, लवण, स्नेह, रास्ना कल्क, देवदारू, तिल्वक और सौवीरक क्वाथ, तूषोदक, कोल, थव, कुलत्थ, पंचमूल और गोमूत्र से सिद्ध निरूह बस्ति का प्रयोग करे।

अत्यधिक कफ दोष तथा उष्ण वीर्य द्रव्यों से बनाये हुये स्नेह का पर्याप्त मात्रा में प्रयोग न करने से पित्त के द्वारा स्नेह का मार्ग अवरोध होता है। इससे दाह, लालिमा, तृषा, मोह, तमकश्वास और ज्वर उत्पन्न होती है।

चिकित्सा– मधुर-तिक्त द्रव्यों से सिद्ध निरूह बस्ति का प्रयोग करे।

अत्यधिक कफ दोष तथा मृदु स्नेह की अपर्याप्त मात्रा स्नेह का कफ के द्वारा मार्ग अवरोध करती है जिससे तन्द्रा, शीतज्वर, आलस्य, मुख से कफ स्त्राव, अरूचि, गुरुता, मूर्छा और ग्लानि उत्पन्न होती है।

चिकित्सा– कषाय, कटु, तीक्ष्ण, उष्ण द्रव्य के साथ सुरा और गोमूत्र, मदनफल, सिद्ध तैल से निरुह बस्ति का प्रयोग करे।

अन्न से आवृत स्नेह स्नेह का आवरण करता है तथा अपर्याप्त मात्रा में प्रयुक्त गुरु गुण युक्त स्नेह अन्न के द्वारा स्नेह का मार्ग अवरोध करता है। जिससे वमन, मूर्च्छा, अरूचि, ग्लानि, उदरशूल, निद्रा, अंगमर्द, आमदोष और दाह उत्पन्न होते है।

चिकित्सा– इस अवस्था का निवारण अग्नि दीपन करने से होता है। जिसमें क्वाथ कटु व लवण द्रव्यों के चूर्ण का प्रयोग किया जाता है। इसके अतिरिक्त मृदु विरेचन तथा आमावस्था का उपचार किया जाना चाहिए।

दोषावृत स्नेह– हीन वीर्य स्नेह तथा अपर्याप्त मात्रा में दिया गया स्नेह पुरीष के द्वारा स्नेह का मार्ग अवरोध करता है। जिससे अपचवायु, मल, मूत्र का अवरोध होता है जो उदरशूल, गौरव, आध्मान तथा हृदय रोग उत्पन्न करता है।

निरुह बस्ति व्यापद– 12 होते है जो निम्न है–

(1) अयोग (2) अतियोग (3) कल्म (4) हिक्का (5) अंगार्ति (6) आध्मान (7) परिस्त्राव (8) प्रवाहिका (9) शिरशूल (10) परिकर्तिका (11) हृदय-प्राप्ति (12) उर्ध्वगमन।

चिकित्सा– इस व्यापद अवस्था में स्नेहन, स्वेदन का उपयोग फलवर्ति के साथ किया जाना चाहिए। त्रिवृत और दशमूल से सिद्ध अनुवासन व निरुह बस्ति का प्रयोग करे। इसके साथ जो उदावर्त में बतायी गयी चिकित्सा का प्रयोग करे। अयुक्त अवस्था पर स्नेह इसके अलावा इस्तेमाल किया जाना चाहिए। ऊपरी छिद्र के माध्यम से (कण्ठ) स्नेह की ऊपर गति और दोष के उत्सर्जन का कारण बनता है।

इस अवस्था में श्यामा, त्रिवृत्त, यव, कोल, कुलत्थ, गोमूत्र से तैयार की गई निरूह बस्ति देनी चाहिए। उपरोक्त औषधों से तैयार तेल से अनुवासन बस्ति भी देनी चाहिए। इस अवस्था में कषाय द्रव्यों द्वारा कण्ठ पर दबाव पड़ने से विरेचन व वमन से बाहर निकलता है।

(11) विशिष्ट बस्तियों का अध्ययन–

पिच्छा बस्ति, क्षीर बस्ति, यापना बस्ति, माधुतैलिक, एरण्डमूलादि बस्ति, निरुह बस्ति, पंचप्रासृतिक बस्ति, क्षार बस्ति, वैतरण बस्ति, क्रिमिघ्न बस्ति, लेखन बस्ति, वातघ्न बस्ति, पितघ्न बस्ति और कफघ्न बस्ति।

पिच्छा बस्ति– यह बस्ति पिच्छिल द्रव्य जैसे शाल्मली, बेर, नागबला, लसोढ़ा, याष्टिमधु, घृत, दूध आदि से तैयार की जाती है। उपयोग– अतिसार एवं प्रवाहिका में।

क्षीर बस्ति– यह यापना बस्ति का प्रकार है। इसका मुख्य उत्पाद दूध है। यापना बस्ति एक प्रकार की निरुह बस्ति है। दूध, जांगल मांस रस, मधु, घृत, गुड़, अण्डा आदि से निर्मित होती है। निरुह का कोई हानिकारक प्रभाव नहीं होता है। उदाहरण– वातप्रकोप क्योंकि इसमें दूध, घी आदि मिले होते है। यह बस्ति सभी प्रकार के रोगियों जैसे– बच्चे, बुढ़े, कमजोर आदि को दी जा सकती है।

यापना बस्ति– यह बस्ति किसी भी समय दी जा सकती है। यह बस्ति आयु की (यापन) स्थापन करती है इसलिए इसे यापना बस्ति कहा गया है। यह बस्ति बल, शुक्र व मांस जनन होती है। यापना बस्ति बस्तियों का एक विशिष्ट प्रकार है जो वय: स्थापक व आयुवर्धक गुणधर्म वाली होती है। पुरुषों के लिए शुक्र रोगों में यापना बस्ति का प्रयोग किया जाता है। यापना बस्ति के अंतर्गत बराबर मात्रा में मधु व तैल (शीशम तैल) का प्रयोग मुख्य उत्पाद के रूप में किया जाता है।

आचार्य चरक ने 12 प्रकार की यापना बस्ति का वर्णन किया है। यापना बस्ति के पर्याय निम्न है–

1. युक्तरथ 2. सिद्ध बस्ति 3. माधुतैलिक।

माधुतैलिक बस्ति– अगर बस्ति के अंदर मधु मिलाया जाता है तो वह बस्ति ज्यादा प्रभावक, संख्यात्मक व गुणात्मक वर्धन करती है। मधु योगवाही होता है क्योंकि यह बहुत से द्रव्यों के साथ मिल जाता है। इस बस्ति में सैन्धव व सौंफ का मिश्रण किया जाता है। जो वृष्य गुणधर्म रखते है। वात को हरने के लिए तैल से बेहतर और कोई द्रव्य नहीं है। तैल व्यवायी, उष्ण, गुरु एवं स्निग्ध गुणधर्म वाला होता है। मधु व तैल दोनों का मिश्रण शुक्रवर्धक व वातशामक होता है। इसलिए इस बस्ति को माधुतैलिक बस्ति कहा गया है।

एरण्डमूलादि निरुह बस्ति– निर्माण विधि–

(1) एरण्ड मूल– 3 पल

(2) शालपर्णी, पृश्निपर्णी, कण्टकारी, वृहती, रास्ना, अश्वगंधा, अतिबला, गिलोय, अमलतास, पलाश, प्रत्येक– 1 पल

(3) मदनफल– 8 पल

(4) कल्क द्रव्य– शताहवा, हपुषा, प्रियंगु, पिप्पली, मूलेठी, वचा, रसांजन, इन्द्रयव, नागरमोथा प्रत्येक– 1 कर्ष

(5) तैल – 50 ग्राम

(6) मधु – 50 ग्राम

(7) गोमूत्र – 150 मि.ली.

(8) सैन्धव – 10 ग्राम।

उपयोग– वात कफज रोगनाशक।

पंचप्रासृतिक बस्ति– मधु, तैल, घी प्रत्येक– 1 प्रासृत, दूध– 2 प्रासृत। **उपयोग–** बलवर्धक एवं वर्ण जनन।

क्षार बस्ति– निर्माण विधि–

इमलीगुदा – 100 ग्राम

गुड़ – 100 ग्राम

कल्क-सैन्धव – 10 ग्राम

सौंफ – 10 ग्राम

गोमूत्र – 300 मि.ली.

उपयोग– आमवात, वात व्याधि

वैतरण बस्ति– चिंचा- 50 ग्राम, गुड़- 25 ग्राम, सैन्धव- 10 ग्राम, गोमूत्र- 300 एमएल

इसका प्रयोग खाने के बाद करे। **उपयोग–** आमवात और वातव्याधि।

कृमिघ्न बस्ति– (1) क्वाथ द्रव्य- निर्माण- विडंग, शिग्रु, त्रिफला, मदनफल, नागरमोथा, दन्ती। (2) कल्क द्रव्य- विडंग, पिप्पली। (3) तैल।

उपयोग– क्रिमिनाशन हेतु।

लेखन बस्ति– सामग्री-

(1) त्रिफला या पंचतिक्त क्वाथ- 300 ml

(2) उषकादिगण या पंचतिक्त चूर्ण (कल्क)- 10 ग्राम

(3) गोमूत्र - 200 ml

(4) मधु - 75 ग्राम

(5) तिल तैल - 75 ग्राम

(6) सैन्धव - 5 ग्राम

(7) यव क्षार - 3 ग्राम

उपयोग– मेदोवृद्धि में, स्थौल्य में।

वातघ्न बस्ति–

(1) **क्वाथ द्रव्य–** वातहरद्रव्य गुड़ची, दशमूल, रास्ना, त्रिफला, बला।

(2) **कल्क–** प्रियंगु, रसांजन, सैन्धव, शतपुष्पा, पिप्पली, वचा, मदनफल, मधु, तैल, उशीर।

उपयोग– वातरोगनाशक, बल, वर्ण, उत्साह, वीर्य एवं अग्निवर्धक।

पितघ्न बस्ति–

(1) **क्वाथ द्रव्य–** पित्तहर द्रव्य, लघु पंचमूल, मंजिष्ठा, सारिवा, पर्पटक, उत्पल।

(2) **कल्क–** आत्मगुप्ता, केशर, चन्दन, विदारी, मधयष्ठी, सैन्धव, वचा, मदनफल, मधु, मांसरस, ईक्षु, स्वरस, उशीर।

उपयोग– पित्तरोग नाशक, रक्तपित, दाह, ज्वरनाशक।

कफघ्न बस्ति–

(1) **क्वाथ द्रव्य–** कफहर द्रव्य, कटफल, निम्ब, कुलत्थ, अर्क, कोशातकी।

(2) **कल्क–** कुष्ठ, बला, सर्षप, पिप्पली, बिल्व, सैन्धव, शतपुष्पा, पिप्पली, वचा, मधु, कटु तैल, गोमूत्र, यवक्षार।

उपयोग– कफरोगनाशक।

महत्वपूर्ण बिन्दु–

(1) वृहतसैन्धवादि तैल अनुवासन बस्ति आमवात में उपयोगी है।

(2) वैतरण व क्षारबस्ति आमवात में उपयोगी है।

(3) अश्वगंधादि तैल एवं नारायण तैल बस्ति शुक्राणुओं की कमी को दूर करने में उपयोगी है।

(4) त्रिफलादि तैल एवं वरूणादि कषाय बस्ति गर्भाशयगत रोग में उपयोगी है।

(5) पिच्छा बस्ति (शाल्मली + इसबगोल) संग्रहणी व रक्त अतिसार में उपयोगी है।

(6) मुस्तादि यापना बस्ति श्क्तार्बुद में उपयोगी है।

(7) मेदोहर बस्ति मेदोरोग (स्थौल्य) में उपयोगी है।

उत्तरबस्ति–

'उत्तरबस्ति' शब्द दो शब्दों से मिलकर बना है– 'उत्तर' एवं 'बस्ति'। उत्तर का अर्थ है श्रेष्ठ अर्थात् श्रेष्ठ बस्ति।

परिभाषा– यह बस्ति उत्तरमार्ग या उत्कृष्ट मार्ग (पुरुषों में मूत्र मार्ग एवं स्त्रियों में मूत्रमार्ग व अपत्य मार्ग दोनों से) से दी जाने के कारण एवं श्रेष्ठ गुणों वाली होने के कारण इसे उत्तरबस्ति कहा गया है। आचार्य वाग्भट् के अनुसार निरुह बस्ति के बाद दी जाने के कारण इसे उत्तरबस्ति कहा गया है।

वह बस्ति जो निरुह बस्ति के बाद दी जाती है एवं मूत्रमार्ग एवं अपत्यपथ मार्ग से दी जाने के कारण उत्तरबस्ति कहलाती है।

उत्तरबस्ति का महत्व–

इसका उपयोग बस्ति के कारण होने रोग, गर्भाशय वृद्धि, अन्य स्त्री रोग, मूत्राशयगत रोग, गर्भाशयगत रोग, तीव्र योनि शूल, योनि व्यापद, असृगदर, कष्टार्त्तव, अनार्तव, अन्य मासिक धर्म जन्य रोग आदि रोगों में इसका प्रयोग किया जाता है।

उत्तरबस्ति यन्त्र– उत्तरबस्ति प्रक्रिया में बस्तिनेत्र और बस्तिपुटक इन दो चीजों का उपयोग होता है।

बस्तिपुटक– यह मुलायम चमड़ी वाले मूत्राशय वाले जानवर जैसे सुअर, बकरी, भेड़ आदि से निर्मित होता है। अगर इन जानवरों की मूत्राशय उपस्थित न हो तो अन्य पक्षियों या पशुओं का मूत्राशय ले सकते है।

बस्तिनेत्र– पुरुषों में लम्बाई = 12 अंगुल प्रमाण

आकृति व आकार– यह कनेर पुष्प के मूल समान, गो पुच्छ के समान मूल में चौड़ा और अग्र भाग में सिकुडा होता है। इसका छिद्र का प्रमाण सरसों के दाने जितना प्रवेश योग्य होना चाहिए। इसमें 2 कर्णिकाएं होती है एक मूलभाग में बस्ति को बांधने हेतु तथा दूसरी मध्य में होती है।

नेत्र को मध्य कर्णिका तक (6-7 अंगुल) प्रवेश करवाया जाता है।

स्त्रियों में लम्बाई = 10 अंगुल प्रमाण

आकृति व आकार– इसका आकार मूत्रवह छिद्र के अनुसार होना चाहिए। इसके छिद्र का प्रमाण मूद्ग के दाने के जितना प्रवेश योग्य होना चाहिए। इसमें कर्णिका 4 अंगुल तक होती है। अपत्यपथ मार्ग में नेत्र का प्रवेश 4 अंगुल तक तथा मूत्रमार्ग में 2 अंगुल तक करना चाहिए।

बालिकाओं में नेत्र मूत्रमार्ग में एक अंगुल तक ही प्रवेश करना चाहिए।

प्रयोग काल– उत्तरबस्ति का प्रयोग मासिक धर्म के समय करना चाहिए।

विधि– पुरुषों व महिलाओं में इसकी अलग-अलग विधि है लेकिन इसे मुख्य रूप से तीन भागों में बांटा गया है- (1) पूर्व कर्म (2) प्रधान कर्म (3) पश्चात् कर्म।

पूर्व कर्म– आचार्य वाग्भटानुसार उत्तरबस्ति देने से पूर्व मलमार्ग की शुद्धि के लिए 2-3 आस्थापन बस्ति देनी चाहिए। उत्तरबस्ति की मात्रा रोगी के अनुसार देनी चाहिए। उत्तरबस्ति से पूर्व रोगी को स्नान, मांस मिश्रित जूस या दूध दे तथा मल तथा मूत्र से निवृत्त होना चाहिए।

आचार्य सुश्रुतानुसार उत्तरबस्ति पूर्व स्नेहन, स्वेदन और यवागू में मिश्रित घृत व दूध मिलाकर देवें।

प्रधान कर्म– सुश्रुतानुसार उत्तरबस्ति देने के बाद बस्तिनेत्र को धीरे-धीरे बाहर निकाले। उसके बाद शाम को तैलीय द्रव्य मुक्त भोजन को सूप या मांस रस युक्त जूस के साथ देवे। अगर बस्ति वापिस न आये तो उसे दुबारा बस्ति देंवे।

अगर पुरुषों में स्नेह वापिस न आये तो एक रात्रि तक उसे निरीक्षण में रखना चाहिए। अगर वह वापिस न आये तो शोधनवर्ति का प्रयोग करना चाहिए।

मात्रा व द्रव्य– औषध की मात्रा वय, बल, देह, सत्व, सात्म्य आदि के अनुसार देनी चाहिए।

सामान्यतया मात्रा 1 प्रकुंच=1 पल=4 तोला (48 gm/ml) और ½ पल=2 तोला

स्नेह की यह मात्रा व्यक्ति की उम्र 25 वर्ष से ऊपर होने पर देते है। 25 वर्ष से कम उम्र में स्नेह की मात्रा 1 शुक्ति = 2 कर्ष देते है।

स्त्रियों में स्नेह का प्रमाण 1 प्रसृत (अंजली) रोगी के उत्तम बल की मात्रा है। मध्यम बल व अवरबल की मात्रा चिकित्सक अपने अनुसार करे। गर्भाशय शोधन में यह मात्रा दुगुनी लेते है।

पश्चात् कर्म– उत्तरबस्ति के बाद मुख्य रूप से अभ्यंग तलवों पर करना चाहिए। अगर रोगी को मल त्यागने की इच्छा हो तो उसे मलत्याग करना चाहिए। बस्ति द्रव्य के

बाहर आ जाने के बाद रोगी को हल्का भोजन (गर्म व तरल) लेना चाहिए। अगर उसे भूख लगे तो।

बस्तिकर्म के बाद संसर्जन क्रम की आवश्यकता नहीं होती है।

(13) मूत्राशयगत और गर्भाशयगत उत्तरबस्ति देने की जानकारी–

स्त्रियों में स्त्री को उत्तान लिटाकर जानु पर से पैर मोड दे और उस को फैलाकर रखा जाता है। और बस्ति नेत्र को मूत्राशय या अपत्यपथ मार्ग में धीरे–धीरे प्रविष्ट कर पाया जाता है। 24 घण्टे में कुल 2, 3 या 4 बस्ति देनी चाहिए। यह बस्ति प्रक्रिया तीन रात्रि (दिन–रात्रि) तक देनी चाहिए। उसके बाद तीन दिन आराम दे और फिर तीन दिन यह उत्तरबस्ति देनी चाहिए। उत्तरबस्ति का बस्ति नेत्र तीन कर्णिका युक्त होता है। बस्ति नेत्र को धीरे–धीरे प्रविष्ट कराये तथा बस्तिपुटक को धीरे–धीरे दबाते हुए बस्ति देवें।

मूत्राशयगत उत्तरबस्ति देने की विधि–

पुरुषों में व्यक्ति को टेबल पर सीधा बैठाते है। तत्पश्चात् उपस्थ को प्रहष्ट कर घी से स्निग्ध कर शलाका द्वारा बस्ति पर्यन्त मार्ग की परीक्षा करते है। उसके बाद बस्ति नेत्र को स्निग्ध कर सेवनी के समानान्तर धीरे–धीरे प्रविष्ट कराते है। बस्तिनेत्र का प्रमाण व्यक्ति के उपस्थ के प्रमाणानुसार लेते है। उसके बाद बस्तिपुटक को बिना कम्पन्न या हिलाये धीरे–धीरे दबाये तथा उसके बाद धीरे–धीरे बस्तिनेत्र को बाहर निकाल ले।

(14) बस्ति कार्मुकता–

सैन्धव– आयुर्वेद के अन्तर्गत सैन्धव लवण को सब लवणों में श्रेष्ठ बताया गया है। सैन्धव लवण बस्ति का अवशोषण करने में बहुत महत्वपूर्ण बताया गया है।

मधु– मधु का मुख्य कर्म बस्ति को अधिक समय तक शरीर में रोके रखना है। क्योंकि सैन्धव लवण के कारण तीक्ष्णता (जलन) को कम कर मधु सम अवस्था बनाये रखने का कार्य करता है।

स्नेह– स्नेह का प्रयोग द्रव्य को आसानी से विलय कर गुदा में अवशोषण का कार्य करता है। वसा व वसा विलेय उत्पाद आसानी से कोशिका में प्रवेश करते है। इस प्रकार स्नेह बस्ति द्रव्य को आसानी से कोशिका स्तर तक पहुंचाने का कार्य करता है।

कल्क– कल्क बस्ति को गाढ़ा बनाने का कार्य करता है। ताजी औषध और औषध मिश्रित वाष्प गुण के कारण कल्क का प्रयोग किया जाता है।

क्वाथ– इसका प्रयोग जल में मिलाकर क्वाथ द्रव्य जैसे क्षीर, गोमूत्र, अम्लकांजी, प्रसन्ना, मांसरस आदि मिलाकर किया जाता है।

☙ 7 ❧

नस्यकर्म

(1) व्युत्पत्ति, परिभाषा, परिचय, ज्ञान एवं नस्य कर्म की महत्वता

व्युत्पत्ति– नस्य शब्द की उत्पति ''नस'' धातु से हुई है। जिसमें ''यत् प्रत्यय'' लगा है।

परिभाषा– आचार्य वाग्भट्टानुसार–''कोई औषध जो कि नासामार्ग (नथुने) से प्रयुक्त की गई है'' उसे नस्य कहते है।

सुश्रुत अनुसार– ''कोई औषध या वसीय पदार्थ जो कि विभिन्न औषधियों से निर्मित है। उसे अगर नथुने से प्रयुक्त किया जाये तो उसे नस्य कहते है।'' नस्य कर्म एक थेरेप्यूटिक तरीका है जिसमें कि औषध (मेडिकटेड तैल) को नथुने से अन्दर प्रयुक्त किया जाता है। मुख्य रूप से शिर स्थित दोष को निकाला जाता है। तथा ''ऊर्ध्वजत्रुगत रोग'' की चिकित्सा में प्रयुक्त करते है।

पर्याय– नस्त:कर्म, नावन, शिरोविरेचन, शिरोविरेक, मूर्धविरेचन आदि।

परिचय– दोषों को निकालने के लिए नस्त: कर्म पांचवा प्रधान कर्म है। नस्यकर्म ऊर्ध्वजत्रुगत रोग की और विशेष रूप से नासागत रोग और शिरोरोग की उत्तम चिकित्सा है। (Supraclavicular Region के रोग की) ऊर्ध्वांग चिकित्सा अष्टांग आयुर्वेद की एक महत्वपूर्ण शाखा है। नस्य कर्म ऊर्ध्वजत्रुगत रोगों का महत्वपूर्ण Therapeutic तरीका है।

महत्वता– नस्य clavicle के ऊपर स्थित सभी अंगों अर्थात् ऊर्ध्वांग के रोगों का शमन करता है।

Ex.– नासा, कण, मुख, नेत्र, मन्या, शिर।

नस्य कर्म जबड़े, दांत, शिरा, गर्दन, कंधे, हाथों तथा वक्ष को मजबूत बनाता है। तथा शीघ्र वलि, खालित्य, पालित्य और व्यंग से बचाव करता है।

नस्य कर्म से नेत्र, कर्ण और नासा के Sensory function शुद्ध हो जाते है तथा ये और मजबूती से काम करते है।

इससे मुख में सुगंध आती है। प्रतिदिन नस्य कर्म करने से यह न केवल शीघ्र पालित्य को रोकता है अपितु खालित्य को भी रोकता है तथा केशवृद्धि करता है।

उचित मात्रा में रात्रि में नस्य प्रयुक्त करने से यह शरीर स्वस्थ रखता है तथा कार्य में बाधक नहीं रहता। नस्य कर्म विभिन्न रोगों में लाभदायक है। जैसे E.N.T. में मन्यास्तम्भ, शिर:शूल, अर्दित, हनुस्तम्भ, पीनस, अर्धावभेदक, शिर:कम्प आदि। Skull region से संबंधित शिरा, स्नायु, संधि, कण्डरा की Integrity Power को Improve करती है।

(2) नस्य कर्म में प्रयुक्त द्रव्य (औषधि) के बारे में ज्ञान, नस्य कर्म का वर्गीकरण का विवरण–

द्रव्य (औषध) नस्य कर्म के लिए–

फल द्रव्य– सामान्यतया रूप से प्रयुक्त द्रव्य अपामार्ग, पिप्पली, मरिच, विडंग, सहिजन, शिरीष, धान्यक, बिल्व का गुदा, जीरा, अजमोदा, वर्तिकी, पृथ्विका, एला, हरेणु आदि। इनके **फल** नस्य कर्म के लिए प्रयुक्त किये जाते है।

पत्र द्रव्य– सुमुख, सुरसा, कुथेरक, गण्डीरक, परनासा, स्थावक, फणिञ्जक, हरिद्रा, शुण्ठी, मूली, लहसुन, अरणी और सर्षप सामान्यतया प्रयुक्त होते है। इनकी **पत्तियाँ** नस्य कर्म में प्रयुक्त होती है।

मूल द्रव्य– अर्क, अलर्क, कुष्ठ, नागदन्ती, वचा, अपामार्ग, श्वेता, ज्योतिष्मती, गवाक्षी, गंधपुष्पी, अवाकपुष्पी, काकनासा, वयस्था और अतीस। इनकी **मूल** नस्य कर्म में प्रयुक्त की जाती है।

कन्द द्रव्य– हरिद्रा का rhizome, आर्द्रक और लहसुन सामान्य रूप से नस्य कर्म में प्रयुक्त होते है।

पुष्प द्रव्य– लोध्र, मेनफल चितवन, नीम और मदार के फूल नस्य कर्म में प्रयुक्त होते है।

निर्यास द्रव्य– देवदारू, अगर, साल, शल्लकी, झिंगनी, विजयसार और हिंगु का निर्यास (गम/रेजिन) नस्य कर्म में प्रयुक्त होता है।

त्वक् द्रव्य– तेजबला, दालचीनी, हिंगोट, सहिजन, वनभटा और कण्टकारी

अवपीडन नस्य– जूस (स्वरस) विडंग, शर्करा, पिप्पली, इक्षुरस, दूध, घृत, मांसरस आदि।

प्रधमन नस्य– पाउडर (चूर्ण), कटफल, Rock Salt, लहसुन, विडंग, गुग्गुल मरिच आदि।

नावन, नस्य और प्रतिमर्श नस्य– तैल।

धूम नस्य– प्रियंगु, पृथविका, केसर, हरेणुका, नख, ह्विबेर, चन्दन, पत्र, त्वक्, एला, उशीर, पद्मक, ध्यामक, मधूक, मांसी, गुग्गुलु अगरू, शर्करा, न्यग्रोध की छाल, उदुम्बर, अश्वत्थ, प्लक्ष, लोध्र, वंग, सर्जरस, मुस्ता, शैलेय, कमल, उत्पल, श्रीवेष्टक, शल्लकी, शुकबरहा आदि।

(i) चूर्ण (ii) कल्क (iii) क्षीर (iv) स्नेह (v) मांसरस (vi) धूम (vii) क्वाथ (viii) सार (ix) मद्य।

नस्य कर्म का वर्गीकरण–

(1) Mode of Administration के आधार पर नस्त: कर्म–

आचार्य चरकानुसार–

(i) नावन नस्य (Inunction)

(a) **स्नेहन (Oleation)**– नावन स्नेहन नस्य में तैल प्रयुक्त करते है। इस प्रकार का नस्य शरीर की सभी धातुओं को मजबूत बनाता है। तथा यह धातु पोषक नस्य के रूप में प्रयुक्त होता है।

(b) **शोधन (Purification)**– इसे शिरोविरेचन भी कहते है। इस प्रकार के नस्य में नासा के द्वारा शरीर में कुपित दोषों को निकाला जाता है।

(ii) अवपीडन नस्य–

अवपीडन अर्थात् प्रयुक्त औषध कल्क या पत्र को दबाकर जूस डाला जाता है।

(a) **शोधन (Purification)**– इसका उपयोग बढ़े हुए दोषों को निकालना।

(b) **स्तम्भन (Astringant)**– यह बढ़े हुए दोषों को रोकता है।

(iii) ध्मापन नस्य (Insufflation)–

प्रधमन नस्य के समय चूर्ण को 6 अंगुल नाड़ी के अंदर दोनों तरफ डाला जाता है। वायु से यह प्रयुक्त औषध मरीज के दोनों Nostril में पहुंच जाती है। प्रधमन नस्य का प्रयोग बढ़े हुए दोषों को जो कि बहुत ज्यादा कुपित हुए है उन्हें अवशोषित कर निकाल देता है।

(iv) धूम नस्य (Inhalation)– धूम के 2 types

(i) धूमपान– धूम जो कि मुँह के द्वारा Inhal किया जाता है।

(ii) धूम नस्य– धूम जो कि Nostrils के द्वारा खींचा जाता है।

धूम हमेशा Nostril के द्वारा लिया जाता है तथा mouth के द्वारा निकाला जाता है। अगर इसे Reverse किया जाये तो यह eyes के लिए Harmful हो सकता है।

आचार्य चरकानुसार धूम नस्य के 3 types

- वैरेचनिक – धूम निष्कासन का तरीका
- स्नैहिक – स्निग्धता
- प्रायोगिक – नियमित धूमपान

Method of धूम नस्य– धूमनस्य में प्रयुक्त वर्ति की लम्बाई 8 अंगुल और मोटाई अंगुष्ठ प्रमाण की होनी चाहिये। धूम वर्ति को धूम नेत्र में रखना चाहिये। Head, Nose, Eye related बीमारी में धूम को नासा से प्रयुक्त करना चाहिये तथा Mouth related disease में मुख से धूम को प्रयुक्त कराना चाहिये। धूम नस्य के दौरान व्यक्ति को स्वयं को

erect position, आंखें सामने देखती हुई, मन ध्यानमग्न होना चाहिये। धूम को एक ही समय में 3 बार करना चाहिये। प्रत्येक प्रयास में 3 आवृति से करना चाहिये। यदि धूम नस्य से लिया है तो मुख द्वारा निकालना चाहिये।

सम्यक् धूमपान के लक्षण– (1) वक्ष, गला व शिर में लघुता। (2) कफ का द्रवित होना।

धूमपान का समय– आचार्य चरक अनुसार प्रायोगिक धूमपान के आठ काल बताये है। क्योंकि वात, पित और कफ इस समय दूषित रहते है।

(1) नहाने के बाद

(2) छींकने के बाद

(3) खाना खाने के बाद

(4) नींद से उठने के बाद

(5) दांतौन के बाद

(6) नस्य के बाद

(7) अंजन लगाने के बाद

(8) विरेचन कर्म के बाद

आचार्य सुश्रुतानुसार एक दिन में धूमपान के काल बताये। तथा आचार्य वाग्भट्ट ने भी काल बताये।

निर्धारित काल के अनुसार स्नैहिक नस्य का प्रयोग एक प्रायोगिक नस्य का 2 बार तथा विरेचनिक नस्य 3–4 बार करना चाहिये।

(v) प्रतिमर्श नस्य–

अंगुली को स्नेह में डुबाने के बाद स्नेह की एक बूंद प्रत्येक नासापुटक में डालना। प्रतिमर्श नस्य कहलाता है। आचार्य वाग्भट्ट अनुसार 8 वर्ष से पहले तथा 80 वर्ष के बाद नस्य नहीं देना चाहिये। प्रतिमर्श नस्य का प्रयोग किसी भी वय में कर सकते है। तथा बच्चे, वृद्ध, निर्बल, उर:क्षत में भी प्रतिमर्श नस्य का प्रयोग कर सकते है। प्रतिमर्श नस्य की निरापद गुण के कारण यह किसी भी ऋतु में देय है। मर्श नस्य प्रतिमर्श नस्य की तुलना में बहुत उपयोगी तथा प्रभावकारी है, परन्तु मर्श नस्य के बहुत सारे दुष्प्रभाव है जबकि प्रतिमर्श नस्य बिना किसी नुकसान के धीरे-धीरे कार्य करता है तथा दीर्घायु प्रदान करता है।

प्रतिमर्श नस्य देने का समय (सुश्रुत–14), (वाग्भट्ट–15)

- प्रात: बिस्तर छोड़ने के बाद
- दातौन करने के बाद
- घर से बाहर जाने से पहले

- व्यायाम के बाद
- मैथुन के बाद
- यात्रा के बाद
- मूत्र त्याग के बाद
- मल त्याग के बाद
- कवल धारण के बाद
- अंजन कर्म के बाद
- खाना खाने के बाद
- विरेचन के बाद
- दिन में सोने के बाद
- सांयकाल में
- शिरो-अभ्यंग के बाद
- हंसने के बाद

2. नस्त: कर्म के औषधिय कर्म के आधार पर–

चरक अनुसार 3 types–

(1) रेचन नस्य (विरेचन नस्य)– रेचन नस्य अर्थात् कुपित हुए दोषों को शरीर के उर्ध्व जत्रुगत भाग से नासापुटक के द्वारा निकालना। इसे विरेचन, रेचन और शिरोविरेचन नस्य भी कहते है।

इस नस्य में औषधिय तैल तथा औषधों के ताजे स्वरस को दोनों नासापुटक में डाला जाता है।

रेचन या विरेचन नस्य के उद्देश्य के लिए आचार्यों द्वारा विभिन्न तरीके बताये गये है।

शिरोविरेचन के लिए प्रयुक्त द्रव्य– अपामार्ग बीज, पिप्पली, मरिच, विडंग, शिग्रु, सर्षप, तुम्बरु, जीरा, अजगन्धा, पीलु, हरेणु, पृथविका, सुरसा, श्वेता, अपराजिता, फणिञ्जक, शिरीष बीज, लशुन, हरिद्रा, सैंधव, विडलवण, मालकांगनी, नागर, आर्वतकी, सुमुखं, गण्डीरक, आमलक, श्रृंगवेर, मूलक, लोध्र, मदनफल, सप्तपर्ण, निम्ब, अर्कपुष्प, देवदारू, अगरू, सरल, साल, झिंगणी, विजयसार, तेजबला, दालचीनी, हिंगोठ, सहिजन, बृहती, एवं कण्टकारी ।

2. तर्पण नस्य– बृंहण नस्य (वाग्भट्ट), तर्पण नस्य (चरक), स्नेहन नस्य (सुश्रुत) समान अर्थ है।

बृंहण या तर्पण नस्य जांगल मांस या जन्तु के ताजे रक्त या निश्चित वृक्ष के बाहर निकले हुए निर्यास से किया जाता है।

3. शमन नस्य– यह नस्य केवल आचार्य चरक तथा आचार्य वाग्भट्ट द्वारा बताया गया है।

इस नस्य का प्रयोग सिर तथा E.N.T. region में स्थित दोषों को शांत करने में होता है।

स्तम्भन, अवपीडन, स्नेहन तथा शमन धूम में शमन नस्य के प्रकार है। स्नेहन नस्य, मर्श और प्रतिमर्श नस्य में शमन नस्य का प्रभाव रहता है।

(3) नस्य का प्रयोग और निषेध–

प्रयोग–

- केशपात
- कर्णशूल
- दंतपात
- कर्णक्ष्वेड़
- तिमिर
- स्वरोपघात
- नासारोग
- मुख शोष
- अवबाहुक
- अकालवलित
- अकालपालित्य
- वात पितज मुख रोग

अवपीड़न नस्य प्रयोग–

- रक्त पित
- गला, कण्ठ तथा शिर के रोग
- अरोचक
- शिरोगौरव
- शूल
- पीनस अर्धावभेदक
- कृमि
- प्रतिश्याय
- अपस्मार गंध अगंध
- सर्पदंश

प्रधमन नस्य का प्रयोग–

- मानसिक रोग
- क्रिमिज शिरोरोग
- विष

प्रतिमर्श नस्य का प्रयोग– प्रतिमर्श नस्य किसी भी वय में दिया जा सकता है। निरापद होने से किसी भी ऋतु में देय है।

- यह बाल, वृद्ध, निर्बल तथा उरःक्षत में देय है।
- नस्य clavicle के ऊपर अर्थात् जिसे ऊर्ध्वांग कहते है, के ऊपर के सभी अंगों के रोगों को शान्त करता है। eg. नासा, कर्ण, मुख, नेत्र, मन्या, सिर etc.
- नस्य जबड़े, दांत, शिर, गर्दन, कंधे, हाथ तथा वक्ष को मजबूती प्रदान करता है तथा शीघ्र वलि, पालित्य, खालित्य, व्यंग से बचाव करता है।

धूम नस्य के प्रयोग–

- अर्धावभेदक
- शिरोगुरुत्वं
- पीनस
- कर्णशूल
- शिर:शूल
- अक्षिशूल
- हिक्का
- श्वास
- पालित्य
- खालित्य
- क्षवथु
- तन्द्रा

- मूर्च्छा
- गलग्रह
- दंतदौर्बल्य
- कर्ण, नासा तथा आंख से स्त्राव
- क्रिमित
- दंतशूल
- अरूचि
- मन्याग्रह
- अतिनिद्रा
- कण्डु
- गलशुण्डिका
- उपजिह्विका
- प्रसेक
- पाण्डु
- नासा तथा मुख से दुर्गन्ध

रेचन नस्य के प्रयोग–

- शिरोस्तम्भ
- शिरोसुप्ति
- शिरोगौरव
- कफ विकार
- श्लेष्म अभिव्याप्त तालु
- श्लेष्म अभिव्याप्त कण्ठ तथा शिर
- अरोचक
- शिर: शूल
- पीनस
- अपस्मार
- गंधनासा
- नेत्र अभिष्यंद
- नेत्र रोग
- गल रोग
- गण्ड
- ग्रन्थि
- कुष्ठ
- अर्धावभेदन
- क्रिमि
- शोफ

शमन नस्य का प्रयोग– इसका प्रयोग नीलिका, व्यंग, केश तथा नेत्र रोग, रक्त–पित आदि में किया जाता है।

- इसका प्रयोग शिर की जड़ता, दांत तथा गर्दन की जड़ता में, गला तथा जबड़े के संकुचन में करना चाहिये।
- पीनस, गलशुण्डिका, गलशालूक, नेत्र शुक्र रोग, नेत्र रोग आदि में।
- मुख पक्षाघात, अपस्मार संकुचन, गलगण्ड, दंतशूल, दंतहर्ष, चलदंत आदि।
- eyelid के रोग, व्यंग (Melasma), Glossitis, अर्धावभेदक, गर्दन के रोग, कंधे के रोग, मुख, नासा, कर्ण तथा नेत्र के रोग एवं कपाल तथा ललाट के रोग आदि।
- नेत्र रोग, अर्बुद, Voice का परिवर्तन होना, संवाद में परेशानी, बोलने में रूकावट।

उपरोक्त वर्णित रोग के अलावा इस नस्य का प्रयोग नासा और शिर के भागों में हुई रोग के लिए भी किया जा सकता है।

इन भागों में वात तथा कफ के कुपित होने के कारण रोग होते है। इस परिस्थिति में नस्य कर्म को उत्तम remedy कहा है।

तर्पण नस्य का प्रयोग–

- वातज रोग
- वातज शिर: शूल
- सूर्यावर्त
- नासा शोष
- मुख शोष
- वाक्संग

- कृच्छ्बोध
- तिमिर
- स्वरक्षय
- अवबाहुक
- अकालज वलित पलित
- दंतकेशपात
- शिरोकम्प
- दारूण कर्णशूल
- अर्दित

नस्य कर्म का निषेध–

- भुक्तभक्त
- पानक्लान्त
- तरूण
- अजीर्ण
- नवज्वर पीड़ित
- क्रुद्ध
- पीत स्नेह
- शोकअभितप्त
- बाला
- पीत मद्य
- विरक्त
- वेगावरोधित
- पीत तोय
- अनुवासित
- वक्त्र स्त्रावित
- स्नात शिर
- गर्भिणी
- सूतिका
- मद
- नवप्रतिश्याय
- श्वासपीड़ित
- मूर्च्छित
- तृष्णार्त
- कासपीड़ित
- व्यवाय क्लान्त
- गरार्त

(i) अगर व्यक्ति को अजीर्ण हो या वह खाना खाने के बाद नस्य कर्म करवाता है तो प्राणवह स्त्रोतस बाधित हो जाता है तथा दोष body के upper part में संचित हो जाते है जिससे कारण कास, श्वासावरोध, उल्टी तथा जुकाम आदि हो जायेंगे।

(ii) अगर कोई व्यक्ति नस्य कर्म के तुरन्त बाद पानी/मद्य पी लेता है तो उसके मुख तथा नासा से अत्यधिक स्त्राव होगा तथा यह नेत्र के स्त्रावण को बढ़ा देगा तथा सिर की बीमारी का कारण होगा।

(iii) अगर व्यक्ति नस्य कर्म के बाद सिर धो लेता है तो यह जुकाम उत्पन्न करेगा।

(iv) अगर व्यक्ति क्षुधित है तो उसमें वात को उत्तेजित करेगा। तथा अगर व्यक्ति तृष्णा से पीड़ित है तो नस्य कर्म करने से मुख में शुष्कता हो जायेगी।

(v) जो व्यक्ति श्रम, Intoxication तथा बेहोशी से ग्रसित है तो उस व्यक्ति में नस्य कर्म से निरूह बस्ति में जो reference बताया है वही इसमें होगा।

(vi) अगर व्यक्ति weapon or stick से indured है तो उसमें नस्य कर्म करने से Pain बढ़ जायेगा।

(vii) अगर ज्यादा श्रम, sex करने पर अगर नस्य कर्म किया जाता है तो व्यक्ति को सिर, कंधे, eye & chest region की व्याधि से ग्रसित हो जाता है।

(viii) जो व्यक्ति अभी के दिनों से ज्वर से ग्रसित रहा हो तथा दर्द से ग्रसित हो तथा अगर उसकी eye vessel पर heat spread की गई तो cataract हो जायेगा तथा body के temp. को बढ़ा देगा।

(ix) अगर व्यक्ति संशोधित है तो नस्य कर्म करने से वात प्रकुपित होगी तथा sense organ को नुकसान पहुँचायेगी।

(x) अगर व्यक्ति को स्नेह बस्ति दी गई है और यदि उसका नस्य कर्म कर दिया जाये तो शिर की गुरूता, Pruritis तथा क्रिमि रोग हो जायेगा।

(xi) यदि प्रसूता स्त्री को नस्य कर्म दिया जाये तो यह Foetus को rigid बना देता है तथा इसमें एक नेत्र तथा सिर की व्याधि, Hemiplegia or Paraplegia हो सकता है।

(xii) अगर व्यक्ति को जुकाम है और उसे नस्य दिया जाये तो उसके वह उसके body channel में complication कर सकता है।

(xiii) अगर नस्य कर्म बादल होने पर या अनुचित विधि से किया जाये तो यह cold या पूतिनासा या सिर के रोग उत्पन्न करेगा।

(4) विभिन्न प्रकार के नस्य में प्रयुक्त द्रव्य की मात्रा का ज्ञान–

मात्रा–

क्र.	प्रकार	उत्तम मात्रा	मध्यम मात्रा	ह्रस्व मात्रा
1.	शमन नस्य	64(32×2) बिन्दु	32(16×2) बिन्दु	16(8×2) बिन्दु
2.	शोधन	16(8×2) बिन्दु	12(6×2) बिन्दु	8(4×2) बिन्दु
3.	मर्श	10 बिन्दु	8 बिन्दु	6 बिन्दु
4.	अवपीडन	8 बिन्दु	6 बिन्दु	4 बिन्दु
5.	प्रतिमर्श	2 बिन्दु	2 बिन्दु	2 बिन्दु
6.	प्रधमन	3 म्युचुटी	3 म्युचुटी	3 म्युचुटी

(5) नावन, मर्श, प्रतिमर्श, अवपीडन, ध्मापन तथा धूम नस्य के मार्ग के आधार पर–

नस्य कर्म के लिए उचित समय–

- चरक अनुसार नस्य प्रावृट्, शरद, वसन्त ऋतु में देना चाहिये।
- अगर आत्ययिक हो तो नस्य कृत्रिम परिस्थिति बना करके किसी भी ऋतु में दे सकते है।
- उदाहरण के लिए → ग्रीष्म ऋतु में नस्य शीत स्थान पर तथा शीत ऋतु (हेमन्त ऋतु) में गर्म स्थान, वायु में देना चाहिये।
- नस्य ग्रीष्म ऋतु में प्रात: तथा शीत ऋतु में अपरान्ह में तथा वर्षा ऋतु में जब बादल नहीं हो तब देना चाहिये।
- आचार्य सुश्रुतानुसार नस्य के दोनों प्रकार **स्नेहन तथा शिरोविरेचन नस्य खाली पेट देना चाहिये।**
- अगर रोगी को कफजन्य विकार हो तो नस्य प्रात: देना चाहिये।

- अगर रोगी को पित्तजन्य विकार हो तो नस्य अपरान्ह देना चाहिये।
- अगर रोगी को वातिक व्याधि है तो नस्य सांय देना चाहिये।
- आचार्य वाग्भट्ट अनुसार अगर रोगी वातज शिरोरोग, हिक्का, अपतानक, मन्यास्तम्भ तथा स्वरभ्रंश से ग्रसित है तो प्रतिदिन प्रात: तथा सांय नस्य देना चाहिये।
- यदि दोष अधिक कुपित हो तो इस अवस्था में रात्रि में नस्य दे सकते है।

नस्य कर्म की अवधि– आचार्य वाग्भट्ट अनुसार नस्य कर्म लगातार 7 दिन दे सकते है जो कि अधिकतम अवधि है।

- सुश्रुतानुसार रोगी की स्थिति तथा जिस व्याधि से रोगी ग्रसित है उसके अनुसार नस्य एक दिन, दो दिन, 21 दिनों के अन्तराल से repeat किया जा सकता है।

नस्य कर्म देने की विधि 3 Procedure के अनुसार है–

(a) पूर्व कर्म (Pre Nasya)

(b) प्रधान कर्म (Nasya)

(c) पश्चात् कर्म (Post Nasya)

A. पूर्व कर्म– प्रधान कर्म के पहले नीचे बतायी हुई क्रिया पूर्वकर्म में की जाती हैं–

1. **संभार संग्रह (वस्तुओं को इकट्ठा करना)**, जो कि नस्य कर्म के लिए आवश्यक हैं–

(i) नस्य कर्म के लिए एक अलग से कक्ष होना चाहिये जहाँ हवा तथा धूल सीधे प्रवेश नहीं करनी चाहिये। वहाँ पर्याप्त रोशनी होनी चाहिये।

(ii) नस्य रोगी को बैठे हुए या लेटे हुए Position में दे सकते हैं। इस उद्देश्य के लिए दो नस्य आसान तैयार किये गये– (1) नस्य पीठ (नस्य कुर्सी) (2) नस्य शय्या (नस्य बेड)

(iii) निम्नलिखित द्रव्य जो कि विभिन्न रूप में जैसे–चूर्ण, कल्क, क्वाथ आदि की पर्याप्त मात्रा में संग्रह करना चाहिये।

कट्फल, चूर्ण, विडंग, शिग्रु, मरिच, पिप्पली, त्रिकटु, हींगु, श्वासकुठार रस, गुञ्जा तेल, अणुतैल, षडबिन्दु तैल, शुद्ध घृत, तिल तैल, दशमूल तैल, वचा आदि।

(iv) धूमपान के लिए घूम द्रव्य तथा नस्य यंत्र उचित नेत्र के साथ तैयार किया जाता है।

(v) प्रधमन नस्य के लिए 6 अंगुल लम्बाई खोखली नली होनी चाहिये।

(vi) अवपीडन तथा स्नेहन नस्य के लिए dropper या **पिचु (रूई)** होना चाहिये।

(vii) बड़ा पात्र मुँह से थूके हुए पदार्थ के लिए तथा Napkin या towel patient के मुख और नासा साफ करने के लिए होने चाहिये।

2. **रोगी का चुनाव–**

(i) नस्य के लिए प्रयुक्त रोगी इस उद्देश्य के लिए चुने जाते है।

(ii) उचित वय (8–80 वर्ष) नस्य कर्म के लिए तथा नस्य कर्म के लिए रोगी का चुनाव के समय उचित परिस्थिति दिमाग में रखनी चाहिये।

3. नस्य कर्म से पूर्व रोगी की तैयारी–

रोगी खाली पेट होना चाहिये तथा दांत पूरी तरह स्वच्छ होने चाहिये। तब रोगी को नस्य कुर्सी पर बैठ जाना चाहिये या नस्य Bed पर लेट जाना चाहिये।

उसके बाद रोगी पर स्नेहन तथा मृदु स्वेदन करना चाहिये।

(i) **स्नेहन कर्म–** तिल तैल, दशमूल तैल, धनवन्तरि तैल, पंचगुण तैल, मूर्च्छित तैल आदि का प्रयोग पूरे चेहरे, स्कंध, उर्ध्वजत्रु भाग, ग्रीवा प्रदेश तथा सिर पर बाह्य अभ्यंग के लिए करना चाहिये। कम से कम 3–5 मिनट के लिए।

(ii) **स्वेदन कर्म–** स्वेदन कर्म के लिए पाणीपाद स्वेद को पूरे face पर प्रयुक्त किया जाता है। गर्म हथेलियों को face region पर रख सकते है। इस उद्देश्य के लिए Hot water bag भी उपयोग किये जा सकते है।

B. प्रधान कर्म– प्रधान कर्म निम्नलिखित चरणों में किया जाता हैं–

(1) नस्य कर्म

(i) रोगी पीठ के बल लेटते हुए अपने हाथों को बाहर की तरफ फैलाते हुए तथा सिर को थोड़ा नीचे की ओर लटकाते हुए तथा पैरों को थोड़ा ऊपर उठाना चाहिये। नेत्र को कपड़े के टुकड़े से ढक देना चाहिये।

(ii) पूर्व कर्म के पश्चात् रोगी के नासा शीर्ष को बायें हाथ के अंगूठे की सहायता से उठाना चाहिये तथा दायें हाथ से हल्का गर्म औषधिय तैल को **Cotton swab के टुकड़े या dropper** से प्रत्येक नासा पुटक में समान मात्रा एक नासा पुटक को बंद को दूसरे में Alternate डालनी चाहिये।

(iii) जब तैल सिर में चला जावे तो सिर को नहीं हिलाना चाहिये तथा रोगी को क्रोध, बोलना, छींकना तथा हंसना नहीं चाहिये। यह नहीं करने पर प्रतिश्याय व्याधि हो सकती है।

(iv) उचित शिरोविरेचन के लिए रोगी के शिर का थोड़ा सेक करना चाहिये। स्नेह को निगलना नहीं चाहिये। इसे उचित तरीके से बाहर निकालना चाहियें। ताकि कोई Part अंदर शेष ना रहे।

- नावन नस्य में, कार्पास निर्मित पिचु को स्नेह के अंदर डुबो कर दोनों नासा पुटक में बूंद डालनी चाहिये। इस तरह के नस्य को नावन नस्य कहते है।
- स्नेहन तथा विरेचन नस्य का उचित समय भोजन करने से पूर्व है।
- यह कफज रोग में प्रातः, पित्तज रोग में अपरान्ह में तथा वातज रोग में सायं दिया जाता है।

आचार्य सुश्रुतानुसार नावन नस्य की मात्रा–

(i) हीन मात्रा– 8 drops

(ii) मध्यम मात्रा– 16 drops

(iii) उत्तम मात्रा– 32 drops in प्रत्येक नासापुटक में

अवपीडन अर्थात् आवश्यक औषध के पत्र या कल्क को दबाकर स्वरस निकालना।

- प्रधमन नस्य में 6 अंगुल नाडी (Pipe) जिसके दोनों तरफ खुला है उसमें चूर्ण डाला जाता है। जिसे फूंका जाता है, वायु के द्वारा औषध रोगी के दोनों नासापुटक में प्रवेश कर जाती है।
- प्रधमन नस्य का प्रयोग तब किया जाता है जब दोष अधिक कुपित हो। प्रधमन नस्य दोषों की अधिक मात्रा को अवशोषित कर लेता है।
- धूम नस्य में प्रयुक्त वर्ति की लम्बाई 8 अंगुल तथा मोटाई अंगुष्ठ प्रमाण है। वर्ति को धूम नेत्र में रखना चाहिये। सिर, नासा तथा नेत्र से संबंधित रोग में धूम नासा से तथा मुख रोग में धूम मुख से लेना चाहिये। धूम नस्य के समय body को सीधे रखते हुए, नेत्र सामने को देखते हुए, दिमाग स्थिर तथा एक समय में 3 बार धूम लेना चाहिये।
- प्रत्येक प्रयास में 3 बार।
- जबकि धूम नासा से लेते हुए मुख से बाहर निकालना चाहिये।
- अंगुली को स्नेह में डुबाने के बाद स्नेह की एक बिन्दु की मात्रा 1 बूंद से अधिक होती है, में डालने को प्रतिमर्श नस्य कहते है।

Key Notes :

- नृपवल्लभ तैल तथा गुञ्जा तैल अर्द्धविभेदक में प्रभावकारी है।
- खालित्य में षड्बिन्दु तैल का प्रतिमर्श प्रभावकारी है।
- Allergic sinusitis में अणु तैल उपयोगी है।
- नेत्र, कर्ण, नासा तथा गल रोग में क्षीरबला तैल उपयोगी है।

(6) नस्य के सम्यक् योग, हीन योग, अतियोग के लक्षण तथा उनके उपचार–

नस्य का सम्यक् योग–

- लाघव (शरीर में लघुता)
- निद्रा (सोते समय आवाज)
- सिर लाघव (सिर में लघुता)
- स्त्रोतों शुद्धि (सूक्ष्म मार्ग की शुद्धि)
- इन्द्रिय प्रसादन (शारीरिक प्रसन्नता)
- मन प्रसादन (मानसिक प्रसन्नता)
- बिना कठिनाई के उच्छ्श्वास तथा आसानी से सोकर उठना।

हीनयोग के लक्षण–

- वात वैगुण्यात्
- इन्द्रिय रूक्षता
- कण्डु
- अंग गौरव
- नासा, नेत्र तथा मुख से अत्यधिक स्त्रवण।

नस्य के अतियोग के लक्षण–

- कफ स्त्राव
- इन्द्रिय विभ्रम
- शिरः शूल

व्यापत्ति तथा उपचार–

सामान्यत: व्युतपत्ति 2 प्रकार से होती है–

(a) दोष उत्क्लेश (कुपित दोषों के बढ़ने से)

(b) दोष क्षय (कुपित दोषों के घटने से)

- स्नेहन नस्य में दोषों का बढ़ना तथा शिरोविरेचन नस्य में दोषों का क्षय।
- दोषों के उत्तेजित/कुपित होने से व्यापद उत्पन्न हो तो शोधन करनी चाहिये।
- दोष क्षय से व्यापत्ति उत्पन्न हो तो बृंहण चिकित्सा करनी चाहिये।
- यदि नस्य निषेध स्थिति में दिया जाये जैसे– अजीर्ण, भुक्तभक्त, अकाल्पीत आदि या विपरीत ऋतु जैसे– मेघ होने पर, तब कफज रोग ही संभावना हो जाती है। जैसे– अस्थमा, कास, sinusitis तथा अजीर्ण आदि। इस स्थिति में कफनाशक उपचार करना चाहिये जैसे उष्ण तथा तीक्ष्ण औषधि द्रव्य तथा कर्म।
- त्रिभुवन कीर्ति रस, कस्तुरी भैरव रस, त्रिकटु चूर्ण और दशमूलारिष्ट बताये है।
- यदि विरेचन कर्म के बाद, Pregnant lady को, व्यायाम से श्रमित को या तृषार्त को नस्य दिया जाये तो वह वात के स्थान को कुपित कर देता है जिससे वात विकार को उत्पन्न करेगा। इस स्थिति में वातनाशक कर्म जैसे स्नेहन, बृंहण तथा स्वेदन दिया जाना चाहिये। गर्भिणी स्त्री को विशेष रूप से घृत तथा दूध से उपचारित करना चाहिये।
- यदि ज्वर, शोकअभितप्त तथा मद्यपीत की अवस्था है तो यदि नस्य निर्धारित किया जाये तो तिमिर रोग उत्पन्न हो सकता है। जिसमें कि रूक्ष, शीतल, अंजन, लेप तथा पुटपाक प्रकार के उपचार किये जा सकते है।
- नस्य के समय यदि रोगी बेहोश हो गया है तो रोगी के **ललाट तथा चेहरे पर शीत जल** उड़ेलना चाहिये।

(7) नस्य कर्म के समय पथ्य–अपथ्य, परिहार्य विषय तथा परिहार काल–

(a) नस्य कर्म करने के बाद रोगी को पीठ के बल 1 मिनट तक आंखे खोल कर रहना चाहिये। सिर ज्यादा नीचे या ज्यादा ऊपर उठा हुआ नहीं होना चाहिये।

(b) नस्य प्रयुक्त हो जाने के बाद शीघ्र ही कर्ण, ललाट, गाल, Jugular region, कंधों, हथेली पर अभ्यंग करना चाहिये तथा पुनः मृदु स्वेदन देना चाहिए। नासा में डाले गये

तैल को कई बार पुन: प्रयोग कर बढ़े हुए दोषों के बाहर निकालते है। विशेष रूप से श्लेष्मा के बाद औषधिय तैल शेष नहीं रहना चाहिये।

(c) रोगी को दोनों नासा पुटक से दीर्घ श्वास लेना चाहिये तथा दूषित दोषों को मुख से बाहर निकालना चाहिये। नासा से कभी नहीं निकालना चाहिये।

(d) प्रधमन तथा अवपीड़न नस्य द्वारा शिरोविरेचन में प्रयुक्त स्नेह से बढ़े हुए वात दोष को नियंत्रित करना चाहिये।

(e) नस्य कर्म की समाप्ति पर रोगी के सिर का एक बार पुन: स्वेदन करना चाहिये।

(f) स्वेदन के पश्चात् शेष कफ को निकालने के लिए धूमपान देना चाहिए। जो कि कण्ठ तथा श्रृंगाटक मर्म में अधिक कफ को निकालने के लिए है।

(g) धूमपान के पश्चात् शीघ्र ही कवल या गण्डूष धारण देना चाहिये।

(h) रोगी को सीधे हवा के सम्पर्क से रहित स्थान पर रहना चाहिये तथा धूल, धूम, स्नेह, सूर्य की धूप, मद्य, शीत जल, द्रव्यपान, शिर:स्नान तथा क्रोध की उपेक्षा करनी चाहिये।

(i) रोगी को दिन के समय नहीं सोना चाहिये।

धूमपान (Medicated Smoking)– धूम नस्य के संदर्भ में धूमपान का वर्णन किया जा चुका है।

गण्डूष– यह एक प्रक्रिया है जिसमें औषधिय निर्मित या द्रव को मुख में रखते है। मुख में धारण की द्रव मात्रा जिसको हिलाया नहीं जा सकता। गण्डूष कहलाती है।

सुश्रुतानुसार गण्डूष के 4 प्रकार हैं–

(i) स्नैहिक गण्डूष

(ii) शमन गण्डूष

(iii) शोधन गण्डूष

(iv) रोपण गण्डूष

कवल– औषधिय गरारे करने की प्रक्रिया कवल है। कल्क या द्रव की उचित मात्रा जो कि आसानी से तथा सुविधाजनक रूप से मुख में घुमाई जा सकती है। कवल ग्रह है।

आचार्य सुश्रुत अनुसार कवल के 4 प्रकार हो सकते है–

(1) स्नेही कवल, (2) प्रसादी कवल, (3) शोधी कवल, (4) रोपण कवल

गण्डूष तथा कवल के लिए उपयोगी द्रव्य– गुनगुने पानी, मद्य, गोमूत्र, मांसरस, धान्याम्ल घृत, दूध, शहद, तिल तैल, कांजिका, त्रिफला, क्वाथ आदि।

गण्डूष तथा कवल के लिये धारण काल– रोगी को द्रव मुख में तब तक धारण करना चाहिये। जब बढ़े हुए दोष cheek में एकत्रित हो जाये तथा नासापुटक तथा नेत्र में

अधिक मात्रा में स्त्रावित होने लगे। इस कवल/गण्डूष द्रव्य को थूकना चाहिये तथा ताजे द्रव्य को लेना चाहिये। तथा मुख में रखना चाहिये। रोगी को कवल के दौरान सीधे बैठते हुए दिमाग को ध्यान अवस्था में रखना चाहिये।

कवल तथा गण्डूष के प्रयोग–

- मन्या स्तम्भ
- शिर: शूल
- कर्ण शूल
- मुख रोग
- नेत्र रोग
- लाला प्रसेक
- कण्ठ रोग
- हल्लास
- तन्द्रा
- अरूचि

(8) नस्य कार्मुकता (नस्य कर्म की क्रिया)–

आचार्य चरक तथा वाग्भट्ट में वर्णित अनुसार नासा शिर का द्वार है। जिसमें औषधि डाली जाती है तथा यह बढ़े हुए दोष तथा दूष्य पर कार्य करता है।

नस्य के द्वारा प्रयुक्त औषधि नासा cavity के कोशिकीय स्तर तथा विभिन्न sinus पर cleansing effect उत्पन्न करती है।

नस्य Nasal mucosa के द्वारा drug अवशोषण से या Nerve ending के direct contact से कई तंत्र पर स्थानिक काम करती है।

नस्य कर्म का प्रत्यक्ष प्रभाव– Mucous membrane के विभिन्न degenrative रोगों में औषधि नस्य में उपयोगी होती है। स्नेहन नस्य के रूप में प्रतिमर्श नस्य स्वस्थ व्यक्ति में Nasal mucous membrane को बचाता है। Bleeding disorder में कुछ नस्य जैसे अवपीड़न नस्य बहुत उपयोगी है। जो कि vasoconstriction के द्वारा रक्तस्त्राव को रोकता है। नस्य कर्म में drug प्रयुक्त करने पर Nasal mucosa drug direct contact में आता है। नस्य कर्म में प्रयुक्त drug दोनों opthlmic तथा trigeminal nerve की maxillary branch को supply stimulation करती है। उन Nerve terminals के direct contact से irritation यह trigeminal ganglion में distal change कर सकता है।

संभवतया नस्य कर्म trigeminal neurons को उत्तेजित करता है। जो कि शिर: शूल तथा other लक्षण का शमन कर सकता है।

Neurone के Basal Membrane अच्छे अवशोषक है। कुछ drug अवशोषण के बाद Nerve ending के contact में आती है। वहाँ उनके गुण के अनुसार औषधि उस स्तर पर Neuro chemical transmission करती है। तथा यह सम्पूर्ण system को एक साथ प्रभावित कर सकती है।

ॐ 8 ॐ

रक्तमोक्षण

परिभाषा– रक्तमोक्षण का अर्थ है शरीर से अशुद्ध रक्त को बाहर निकालना। असृक विस्रुति, शोणितमोक्षण, रक्तनिर्हरण, रक्तस्रवण, रक्तहरण इसके पर्याय है।

महत्व– पंचकर्म प्रक्रिया में प्रकुपित हुये दोषों का शोधन किया जाता है, जबकि रक्तमोक्षण में दूषित रक्त तथा प्रकुपित दोषों को बाहर निकाला जाता है। रक्त की संवेदनशीलता अशुद्धि के प्रति इतनी परिवर्तनशील है की आचार्यों ने रक्त को चतुर्श दोष तक माना है। इसलिये दूषित को निकाल देना चाहिये ताकि स्वास्थ्य बना रहे तथा व्याधि का शमन हो जाये। चूँकि पित्त, रक्त पर आश्रित होता है। आश्रय-आश्रयि भाव से। इसलिये रक्तमोक्षण बढ़े हुये पित्त को कम करता है। जिस कारण दोषज तथा पित्तज व्याधियों का नाश हो जाता है।

रक्तमोक्षण की विभिन्न प्रक्रिया का ज्ञान–

रक्तमोक्षण दो तरह से किया जाता है–

(1) शस्त्र विस्रावण, (2) अनुशस्त्र विस्रावण

(1) शस्त्र विस्रावण– इस प्रक्रिया में लौह धातु से निर्मित उपकरणों का प्रयोग किया जाता है। यह दो प्रकार का होता है–

(i) प्रच्छान्न, (ii) सिरावेध

ठीक तरह से स्नेहन (बाह्य तथा आभ्यंतर स्नेहन) तथा स्वेदन दिये हुये रोगी को द्रव, भोजन या यवागू जो प्रकुपित हुये दोषों के गुणों के विपरीत गुण वाले हो, दी जाती है। उचित समय का निर्धारण कर रोगी को पीठ सीधी रखते हुये वैद्य के सामने बैठने को कहा जाता है, तत्पश्चात् जिस जगह से रक्त निकालना होता है उस स्थान पर कपड़े के टुकड़े, चमड़े, वृक्ष की अंत:छाल, लता इत्यादि से बाधा जाता है। इससे सिराये उभर जाती है। इसके बाद जिस सिरा का वेध करना है उसे खोजना चाहिये।

उचित उपकरण– वेधन, अष्टविध शस्त्रकर्मों में से एक तथा सुश्रुत द्वारा बनाये गये 60 व्रणोपक्रमों में से भी एक है। रक्तमोक्षण के लिये उचित उपकरण ये है– कमरे का वातावरण जहाँ रक्तमोक्षण करना है, अनुकूल होना चाहिये, जल के पात्र, उष्ण जल, शीतल जल, गॉज पीस, स्वाब, बैंडेज, सिरा बंधन करने का सामान (रस्सी, टूरनिकेट, बैंडेज इत्यादि), बी.पी. एपरेटस, किडनी ट्रे, मार्किंग ग्लास बीकर, स्काल्प वेन (20 नंबर), संर्जिकल ब्लेड (12 नंबर), स्कालपल, कुठारिका शस्त्र, व्रीहिमुख शस्त्र, तैल (स्नेहन के लिये), नाडी स्वेदन यंत्र या वाष्प स्वेदन यंत्र, प्रक्षालन द्रव्य (बीटाडीन, हाईड्रोजन

परॉक्साईड, पंचवल्कल, क्वाथ इत्यादि), कुर्सी, ड्रेसिंग टेबल, संधान, स्कंदन, पाचन तथा दहन उपकरण आदि।

सम्यक् विद्ध लक्षण– ठीक प्रकार से वेधन होने पर रक्त धारा के रूप में स्त्रावित होता है तथा एक मुहुर्त पश्चात् स्वत: ही रूक जाता है, इसे उचित रूप से किया हुआ वेधन समझना चाहिये। जिस तरह कुसुम्भ के पुष्प को मसलने पर पीत द्रव निकलता है उसी प्रकार सिराविध करने पर दूषित रक्त स्त्रावित होता है। जब रक्त उचित रूप में स्त्रावित होकर रूक जाये तब उसे शुद्ध रक्त समझना चाहिये। व्याधि के लक्षणों में कमी, शरीर में हल्केपन की अनुभूति, पीड़ा की गंभीरता में कमी, उत्साह में वृद्धि ये सभी ठीक प्रकार से हुये सिराविध के लक्षण है।

स्त्राव प्रमाण– बलवान व्यक्ति तथा जिसमें दोषों का संचय अधिक मात्रा में हो, समुचित आयु में विद्वानजन एक प्रस्थ (640 ml) रक्त निर्हरण को उचित मानते है। आजकल, 50–150 ml तक दूषित रक्त के स्त्रवण को ठीक माना जाता है। जिसमें स्काल्प के साथ लगे हुये सर्जिकल ब्लेड का प्रयोग होता है।

अवलोकन तथा प्रबंधन– दूषित रक्त का स्त्राव हीन मात्रा, सम्यक् मात्रा तथा अधिक मात्रा में जीव रक्त (अतिस्त्राव) के साथ हो सकता है। प्रवर स्त्राव को सिरावेध के लक्षणों के आधार निम्न भागों में विभक्त किया जा सकता है– प्रवर शुद्धि, मध्यम शुद्धि तथा हीन शुद्धि।

हीन स्त्राव– अगर सिरावेध, मेघाच्छादित दिवस में किया जाये, सिरावेध सम्यक् प्रकार से न हुआ हो, शीतकाल तथा वायु युक्त स्थान हो, विस्त्रावण के पहले स्वेदन न कराया गया हो, अगर भोजन करने के पश्चात् किया गया हो तो रक्त समुचित मात्रा में स्त्रवित नहीं होता। विषग्रस्त व्यक्ति, मूर्च्छित तथा अधिक रास्ता चलने से थका हुआ जिसने अति हुये वेगों का धारण किया है, जो निद्रा से मुक्त तथा डरे हुये है, ऐसे व्यक्तियों में रक्त स्त्रवित नहीं होता। और भी व्यक्ति जो मूर्च्छित है, डरे हुये है, थके हुये या तृष्णा से पीड़ित है। प्रदुषित रक्त स्त्रवित नहीं होता जब सिरावेध किया जाये तथा जब सिरावेध में यंत्रणा का प्रयोग नहीं किया जाये।

चिकित्सा– रक्त के हीन स्त्राव में ऐला, सितशिव, कुष्ठ, तगर, पाठा, भद्रदारू, विडंग, चित्रक, त्रिकटु, आगारधूम, हरिद्रा, अर्काकुर, नक्तमाल फल तीन, चार या जितने द्रव्य मिल सके इनको पूर्ण करके, अधिक मात्रा में लवण तथा तैल मिलाकर व्रण के मुख पर मलें, ऐसा करने से रक्त स्त्रवित होने लगता है।

अतिस्त्राव– अगर सिरावेध उष्ण काल (ग्रीष्म ऋतु) में किया जाये, स्वेदन अधिक प्रमाण में किया गया हो, वेधन अधिक हो गया हो या किसी अज्ञानी या अकुशल व्यक्ति ने किया हो तो रक्त अधिक मात्रा में स्त्रावित होता है। अधिक मात्रा में रक्त के निकलने से शिरशूल, अंधता, अधिमंथ, तिमिर, धातुक्षय, आक्षेप, शरीर में दाह, पक्षाघात, एकांगघात, हिक्का, श्वासकृच्छ्रता, कास, रक्ताल्पता तथा मृत्यु भी हो सकती है।

चिकित्सा– रक्त में अतिस्त्राव में लोध्र, प्रियंगु, पतंग, गैरिक, सर्जरस, शाल्मली पुष्प, शंख, शुक्ति, माष, धव तथा गोधूम इनका चूर्ण छिड़के तथा अंगुलि से दबायें, या फिर साल की छाल, सर्ज, अर्जुन, अरिमेद, मेषशृंगी, धव तथा धन्वन या क्षौम की भस्म या समुद्रफेन का चूर्ण और लाक्षा को छिड़के। तत्पश्चात् व्रण पर व्रणबंधन कर दें। रोगी को गीले कपड़े से ढक दें, उसे शीतगृह में रखें। उसे शीत उपनाह दे तथा ठंडा पानी उसके ऊपर डालें या व्रण पर निर्दिष्ट क्षार कर्म तथा अग्निकर्म करें। जिस सिरा से अधिक रक्त प्रवृति हो उसे अन्य स्थान पर छेदन करें। काकोल्यादि गण का क्वाथ शर्करा तथा मधु मिलाकर रोगी को पीने के लिये दें, हिरण का रक्त, ऊंट, खरगोश, भैंस का रक्त पीने के लिये दे। रोगी अपना भोजन दूध के साथ, मांसरस के साथ जिसमें घी या तेल मिलाया गया हो सेवन करें।

रक्तमोक्षण में भोजन व्यवस्था–

सिरावेध के स्थान का शीलत द्रव से प्रक्षालन करने से वात प्रकुपित हो जाता है। जिस कारण उस स्थान पर शाथ, चुभन होने लगती है। ऐसी अवस्था में उस स्थान पर कोष्ण घृत से प्रक्षालन करे।

पथ्य–अपथ्य– रक्तमोक्षण से अग्निमांद्य हो जाता है तथा वात प्रकुपित हो जाता है, इसलिये रोगी को ऐसा आहार दे जो न अधिक ठंडा हो, हल्का हो, स्निग्ध हो, जिससे रक्तवृद्धि हो, किंचित अम्ल हो (खट्टा) या अनाम्ल हो। रक्तमोक्षण के पश्चात् रोगी को व्यायाम करना, मैथुन, ठंड से दूर रहे, दिन में एक बार भोजन करना, दिन में सोना, क्षार का प्रयोग, भोजन में तीक्ष्ण द्रव्यों का प्रयोग, चिंता करना, अधिक बोलना तथा अजीर्ण इन सबका परित्याग करे।

(2) अनुशस्त्र विस्रावण– इनका प्रयोग सुकुमार व्यक्ति में किया जाता है क्योंकि ये लौह के नहीं बने होते हैं। **यह निम्न तरीकों से किया जाता है–**

(A) जलौकावचारण– आचार्य सुश्रुत ने जलौकावचारण से रक्तमोक्षण का वर्णन विशेष रूप से राजा, धनाढ्‌य व्यक्ति, बल, प्रौढ़ व्यक्ति, डरपोक, कमजोर, स्त्री तथा सुकुमार के लिये बताया है। जहाँ रक्तमोक्षण का निषेध है वहाँ जलौकावचारण का भी निषेध है। केवल वाग्भट्ट ने ही व्याधियों में जलौकावचारण बताया है जैसे गुल्म, अर्श, विद्रधि, कुष्ठ, वातरक्त, गलरोग, नेत्ररोग, विषदष्ट्र तथा विसर्प।

पहले उस व्यक्ति का चयन किया जाता है जिसे जलौका लगाई जाती है। जिस जगह पर जलौका लगानी है वह व्रणयुक्त तथा वेदनारहित होनी चाहिये। उस स्थान पर मिट्टी की धूली मिश्रित गोमय चूर्ण से घर्षण करना चाहिये। सुश्रुत ने द्वादश प्रकार की जलौकाओं का वर्णन किया है, जिसमें से छ: विषयुक्त तथा छ: निर्विष होती है। निर्विष जलौका को लेकर उस पर सर्पष मिश्रित हरिद्रा कल्क या मक्खन को छिड़का जाता है। कुछ क्षण के लिये (एक मुहुर्त) जलौका को हरिद्रा चूर्ण मिश्रित जल से भरे हुये पात्र में रख दिया जाता है, जिससे जलौका में उत्साह आ जाता है तथा जलौका क्लम रहित को जाती है।

प्रधान कर्म–

जलौका लगाने की विधि– जलौका को छोटे, श्वेत, गीले वस्त्र, पिचु या रूई से पकड़े, जिससे की उसका मुख ढका रहे तथा जलौका अपने स्थान को ठीक तरह से पकड़ ले या चिपक जाये। अगर जलौका निर्धारित स्थान पर नहीं लगे तो उस स्थान पर क्षीरबिंदु, शोणितबिंदु, घृत, मक्खन या शस्त्र से प्रच्छन्न करके लगायें। इन सारे उपक्रमों को करने के बाद भी जलौका न लगे तो नवीन जलौका को लेकर लगाये।

स्थानग्रहित जलौका के लक्षण– जिस स्थान पर जलौका लग जाती है तो उसकी आकृति ''अश्वखुरवदाननम्'' की तरह हो जाती है अर्थात् जलौका अपने मुख की तरफ से थोड़ी ऊपर को उठी हुई होती है। जलौका छोटे बच्चे की सांस की तरह लय युक्त दिखाई देती है। जिस तरह हंस जल से मिश्रित दूध में से सिर्फ दूध को ही ग्रहण करता है उसी तरह जलौका भी सिर्फ दूषित रक्त का पान करती है। जिस जगह पर जलौका लगाई जाती है उस स्थान पर थोड़ी चुभन महसूस होना दर्शाता है कि जलौका शुद्ध रक्त का पान कर रही है, तब उसे निकाल दिया जाना चाहिये। जलौका शुद्ध रक्त को तब ही ग्रहण करने लगती है जब अशुद्ध रक्त समाप्त हो जाता है।

शीतल वातावरण– निर्धारित स्थान पर जलौका को लगाने के पश्चात् उसे किसी गीले कपड़े या रूई से ढक देना चाहिये या फिर उस पर ठंडे पानी को छिड़कना चाहिये, जिससे की नमी बनी रहे।

जलौका हटाने की विधि– अगर जलौका अपने लौल्य, रक्त की गंध की प्रियता के कारण स्थान को छोड़ नहीं रही हो, सम्यक् जलौकावचारण के लक्षण उत्पन्न हो गये हो तो जलौका के ऊपर सैंधव लवण के चूर्ण को छिड़कना चाहिये। ऐसा करने से जलौका अपने स्थान को छोड़ देती है।

जलौका को वमन करवाना– जलौका को निकालने का पश्चात् उसके ऊपर चावल की किणकी को छिड़कना चाहिये उसके मुख पर तैल तथा लवण के मिश्रण को लगायें। इसके बाद जलौका की पूंछ को (पुच्छ भाग) बाये हाथ के अंगूठे एवं तर्जनी अंगुली से पकड़े तथा दायें हाथ की भी उन्हीं अंगुलि से जलौका को पुच्छ भाग से मुख की ओर दबायें जिससे की जलौका रक्त का वमन कर दे जिसे जलौका ने पान किया है।

इस प्रक्रिया को तब तक करे जब तक सम्यक् वान्त के लक्षण उत्पन्न न हो जायें। जलौका जिसने पूरी तरह से रक्त का वमन कर दिया है। उसे अगर साफ पानी में डाला जाये तो वह फुर्ती के साथ भोजन की तलाश में विचरण करने लगती है। दूसरी तरफ ठीक तरह से रक्त का वमन न करने वाली जलौका कोई क्रिया नहीं करती तथा एक स्थान पर पड़े रहती है। उन्हें ठीक तरह से फिर से वमन करवाना चाहिये। जो जलौका ठीक तरह से वमन नहीं कर पानी उसे 'इंद्रमद' नामक रोग होने का खतरा रहता है।

व्रण प्रक्षालन– जिस स्थान पर जलौका लगाई गई थी, उस स्थान को रूई से साफ करना चाहिये। वहाँ उत्पन्न हुये व्रण पर शहद का लेप करे अथवा ठंडे पानी की धार से धोयें या निर्हरित रक्त की मात्रानुसार कषाय, मधुर, शीत बंधन बांध दे।

(B) श्रृंग अवचारणा– श्रृंग से गाय के सींग का अर्थ लिया जाता है यह अंदर से खोखला होता है तथा यह शरीर से रक्त निर्हरण के लिये काम आता है। श्रृंग के मधुर, उष्ण तथा स्निग्ध गुण होते है। अत: यह वात से दूषित रक्त निकालने के लिये प्रयुक्त होता है।

(C) अलाबू अवचारण– अलाबू कटु तथा तिक्त गुण वाला होता है, यह कफ से दूषित रक्त निर्हरण करता है।

(2) रक्तमोक्षण के योग्य तथा अयोग्य

सिराविध के योग्य– त्वक विकार, अर्बुद, शोफ तथा रक्त से उत्पन्न होने वाली व्याधियाँ स्वस्थ व्यक्ति में रक्तमोक्षण करवाने से नहीं होती है। इसके अतिरिक्त जहाँ भी रक्त दोषों से दूषित है, शोथ, दाह, पातु, रक्त वर्ण, असृक विस्रुति, वात रक्त, कुष्ठ, वातिक व्याधियाँ जिनमें असहनीय दर्द होता हो, हस्त रोग, श्लीपद, विष दूषित रक्त ग्रंथि, अबुर्द, अपची, रक्त अधिमंथ, विदारी, स्तन रोग, शरीर का भारीपन, रक्ताभिष्यंद, तंद्रा, पूतिग्रह, पूतिआस्य, यकृत–प्लीहा रोग, विसर्प, विद्रधि, पिड़िका, कर्णपाक, ओष्ठपाक, घ्राणपाक, मुखपाक, शिरोरूजा, उपदंश, रक्तपित्त, दंतरोग, संताप, तिक्त–अम्ल–कटु उद्गार, क्लम, क्रोधांधिकता, बुद्धि सम्भोह, लवणास्यता, स्वेद, मद, कंप, भ्रम, अर्श।

सिरावेध के अयोग्य– रक्तमोक्षण बच्चों में, वृद्धों में, रुक्ष व्यक्तियों में, वक्ष क्षत, दुर्बल, डरे हुये, थके हुये, मद्य सेवन करने वाले, अध्व, मैथुनरत, जिन्हे वमन तथा विरेचन कराया गया हो, जिन्हें क्वाथ पान, तथा तैल युक्त विरेचन दिया हो, रात्रि जागरण किया हो, नपुंसक, क्षीण व्यक्ति, गर्भवती, कास, श्वास, तीव्र ज्वर, आक्षेप, पक्षाघात, क्षुधा, तृष्णा तथा मूर्च्छा से पीड़ित व्यक्तियों में नहीं करवाना चाहिये।

(3) रक्तमोक्षण की कार्मुकता–

सभी आचार्यों ने रक्तमोक्षण को रक्तज व्याधियों के लिये उपयुक्त कहा है जैसे– चर्मदल, न्यच्छ, पिड़िका, अन्य कुष्ठ रोग। सभी त्वक विकार रक्त के दूषित होने से होते है तथा रक्तमोक्षण दूषित रक्त को शरीर से बाहर निकालने का सर्वोत्तम उपाय है। जब रक्त शुद्ध हो जाता है तो व्यक्ति में वर्ण की वृद्धि, सभी इंद्रिया अपने विषयों के ठीक तरह से ग्रहण करने लगती है। मानसिक शांति प्राप्त होती है तथा शरीर में बल वृद्धि एवं आनंद का अनुभव होता है। सिरावेध को शल्यतंत्र में आधी चिकित्सा कहा गया है, जैसे की बस्ति को काय चिकित्सा में कहा गया है। रक्तमोक्षण निम्न व्याधियों के लिये सर्वोत्तम उपाय है जैसे सभी वातज रोग, वातरक्त, कुष्ठ, विद्रधि, अबुद्र, acute pericarditis, acute pulmonary edema (तीव्र फुफ्फुसीय शोथ), acute lober pneumonia, chronic heart-disease, myocordial degeneration and vulvular disease.

व्यायामोपचार

(1) व्यायामोपचार का परिचय, फिजियोथेरेपी उपकरणों का ज्ञान तथा संचालन विधि–

परिचय– व्यायाम शरीर का कर्म है जिससे ताकत (बल), स्थिरता, लचीलापन तथा सहनशक्ति उत्पन्न होती है। यह शरीर के ''बलार्ध'' की सीमा तक किया जाता है, जब स्वेद, श्वासोपरोध होने लगे तब व्यायाम रोक दिया जाता है। व्यायाम से जठराग्नि वृद्धि, शरीर में लघुता का अनुभव, कर्म सामर्थ्य, संहनन उत्पन्न होता है। निर्दिष्ट मात्रा से अधिक व्यायाम करने से कष्ट, श्वास, कास, रक्तपित्त होता है।

व्यायाम कर्म– व्यायाम कर्म में शरीर में क्रमानुसार निर्धारित मात्रा में बल लगाया जाता है जिससे कि शरीर में दिन–प्रतिदिन होने वाले कार्यों में वृद्धि होती है।

व्यायाम कर्म का उद्देश्य शरीर के कार्यों में बाधा को रोकते हुये शरीर में बल, उत्साह, गतिशीलता, लचीलापन, स्थिरता, विश्राम, समन्वयन, तथा संतुलन बनाये रखता है।

बल (शक्ति)– पेशी अथवा पेशी समूह की वह योग्यता जिसमें वह अधिक प्रयत्न से उतना तनाव उत्पन्न करें जितनी की जरूरत है शक्ति कहलाता है।

सामान्य पेशी को प्रभावित करने वाले कारक–

(i) पेशी की गतिशीलता

(ii) connective tissue की गतिशीलता

(iii) त्वचा की गतिशीलता

(iv) जोड़ो की गतिशीलता

गतिशीलता के प्रकार–

(i) निष्क्रिय (ii) सक्रिय

स्थिरता– अध्यारोपित कार्यों के लिये neuromuscular system का सहक्रियात्मक समन्वयन स्थिरता कहलाता है। शरीर के अवयवों जैसे- गर्दन, नितम्ब, कंधे को प्रभावकारी अवस्था में रखने तथा हाथों तथा पैरों की गति के लिये स्थिरता जरूरी है।

शिथिलता/विश्राम– पेशीओं में से तनाव कम करने के लिये किया गया सचेत प्रयत्न।

समन्वयन– उचित अनुक्रम तथा तीव्रता के साथ सही पेशी का सही समय पर प्रयोग समन्वयन कहलाता है। आरंभ, पथप्रदर्शन तथा गति के विभिन्न स्तर के लिये CNC का व्यापक संगठन आवश्यक है।

संतुलन– Upright position में center of gravity को उसके आधार पर बनाये रखना संतुलन कहलाता है। संतुलन एक परिवर्तनात्मक तथ्य है, जिसमें स्थिरता तथा गतिशीलता होती है।

Functional Skill– विभिन्न कुशल गतिविधियों को प्रतिदिन के कार्य के लिये स्वतंत्र रूप से कार्य करने की जरूरत होती है। उसे ही functional skills कहते है।

समन्वयन, स्थिरता तथा functional skills ये सभी एक दूसरे से संबंधित है तथा जटिल motor control के अंग है।

Range of motion– निष्क्रिय ROM, सक्रिय ROM, सक्रिय सहायक ROM

निष्क्रिय ROM– जब मरीज स्वयं अपने शरीर के अंगों में गति नहीं कर सकता जैसे की पक्षाघात, संपूर्ण Bed rest, Rest, inflammatory reaction में होता है, लगातार दूसरे व्यक्ति द्वारा उसकें अंगों में गति करवाना निष्क्रिय ROM है।

सक्रिय ROM– जब मरीज स्वयं अपने शरीर के अंगों में गति कर सकता है।

सक्रिय सहायक ROM– जब मरीज की मांसपेशियों में कमजोरी हो।

प्रतिरोधक व्यायाम– व्यायाम के किसी भी रूप में चलित तथा स्थिर पेशी के संकुचन को बाहरी बल के द्वारा रोकना। बाहरी बल Manual या Mechanical हो सकता है।

Isotomic resistance equipment- Barbells, Dumbells, Sandbag, weight boot, cuff, pully, excercise bicycle, cybox.

Fitness (स्वस्थ)– शारीरिक कार्य करने की क्षमता fitness है। शारीरिक कार्य करने के लिये cordio-respiratory functioning, musculler strenght तथा endurance, musculoskeleton flexibiltity की आवश्यकता होती है।

लचीलापन (flexibiltity)– बिना प्रतिरोध तथा दर्द के एक जोड़ या जोड़ों की शृंखला में गति करने की क्षमता flexibiltity है।

व्यायाम की उपयोगिता–

(A) Soft Tissues का क्षत–

मोच– Liganent, tendon तथा joint capeuls में चोट लगना मोच है। इसे 1st (आंशिक), 2nd (मध्यम) तथा 3rd degree (तीव्र) में विभाजित किया है।

खिंचाव (Strain)– Musculo tendinous unit में किसी हद तक विघटन होना।

Subluxation (च्युति)– आंशिक रूप से अपने स्थान से किसी बाहरी आघात से उस स्थान के tissuse का हटना।

Dislocation– अपने स्थान से हटना विशेष रूप से हड्डी का जिससे की बाद में soft tissue damage, inflammation (शोथ), वेदना तथा muscle spasm हो।

पेशी का फट जाना (Muscle tear)– जब दरार हल्की हो तो, जब पेशी में, खिंचाव उत्पन्न होता है तो वहाँ वेदना की अनुभूति होती है। जब दरार ज्यादा हो या पेशी पूर्ण रूप से कट जाये तो पेशी में खिंचाव होता ही नहीं है जिस कारण वेदना नहीं होती।

Tendinitis– Calcium के जम जाने से tendon में होने वाला शोथ ।

Tendinosis– बार-बार आघात होने से tendon का नष्ट होना।

Tendovaginitis– tendon sheath के शोथ के साथ उसका मोटा हो जाना।

Tendosynovitis– tendon को cover करने वाली synovial membrane का शोथयुक्त होना।

Synovitis– Synovial membrane का शोथयुक्त होना।

Haemarthrosis– तीव्र आघात के कारण जोड़ों में रक्तस्राव होना

Bursiritis– Bursa का शोथ।

Muscle weakness– पेशी के संकुचन के बल में कमी होना।

तीव्र आवस्थिक उपचार (Acute stage treatment)

- शीत वस्तु से दबाना, अंग को ऊँचा उठाकर रखना, अंग को स्थिर रखना, उस अंग में खिचाव आये ऐसी अवस्था से बचाना, दर्द-शोथ तथा जकड़ाहट से बचाने के लिये जोड़ों में हल्की गति करे।
- जोड़ो की समग्रता तथा गतिशीलता को बनाये रखने के लिये, ज्यादा दर्द न हो उतना passive movement करवाते रहे।
- अगर शोथ (सूजन) ज्यादा हो तो चिकित्सीय सलाह की आवश्यकता हो सकती है।

जीर्ण आवस्थिक उपचार (Chromic stage treatment)

- शीतल वस्तु से दबाना, massage, व्यथित अंग को आराम दे, जिससे घाव भर सके तथा शोथ और वेदना कम हो।
- Irritating factors के निवारण के लिये मरीज की councilling करवानी चाहिये।
- जोड़ों की समग्रता तथा गतिशीलता को बनाये रखने के लिये तथा ज्यादा वेदना न हो उतना Passive movement करवाते रहे।

(B) Rheumatoid Arthritis

- वेदना तथा muscle guarding के निवारण के लिये modulities, gentle massage, slight immobilization तथा आरामदायक उपचार करे।
- निष्क्रिय तथा सक्रिय सहायक ROM उपचार करें जिससे जोड़ों का कड़ापन दूर हो तथा उनमें कुछ गति हो सके। ये उपचार मरीज की वेदना सहनशक्ति के अंदर ही हो।
- Muscle atrophy दूर करने के लिये हल्की massage करे।
- जोड़ों को विकृति से बचाने के लिये रोगी को बिस्तर पर आरामदायक आसन में रखे तथा रोगी ऐसी चेष्टा न करे जिससे कष्ट हो।

(C) Osteoarthritis

- निष्क्रियता से उत्पन्न जोड़ों का कड़ापन दूर करने के लिये सक्रिय activites तथा joint play techniques का इस्तेमाल करे।
- Grade 1st तथा 2nd की modulities oscillations का प्रयोग करे जिससे वेदना कम हो।
- Range of motion को बढ़ाने के लिये विशेष तकनीक से पेशी तथा जोड़ों में खिंचाव उत्पन्न करें।

(D) Fracture of Bone

- तीव्र आघात के समय, शोथ को कम करने के लिये बर्फ से सिकई करे, चोटिल स्थान को ऊँचा उठाकर रखें।
- सक्रिय range of motion का प्रयोग करे जिससे Immobilization का effect कम हो सके।
- प्रतिरोधक ROM का प्रयोग अगर रोगी बिस्तर तक ही सीमित है जिससे की muscle group की strength तथा range of motion बनी रहे।

(E) Dislocation of joints

(F) Cervical Lumbor Disorders

(G) Curvature Problem of Spine

Physiotherapy के विभिन्न उपकरण तथा उनकी संचालन विधि

एक physical therepist जिसे physiotherapist भी कहा जाता है। अपने मरीज को manual, मशीनी उपकरणों या विद्युत उपकरणों से therapy देता है। ये therapy रोगी को साथ में दी जा रही दवाओं के साथ दी जाती है। जिससे रोगी की अवस्था अतिशीघ्र सुधार हो सके। Physiotherapy उपकरण, जोड़ो तथा पेशी में सुधार को करते ही है साथ ही साथ वेदना का शमन भी करते है।

Physiotherapy तकनीक तथा उपकरण

Physiotherapy chair, couch, bed तथा table कुछ सामान्य से Physiotherapy के उपकरण है, एक गद्दीदार सपाट bench जिसका सिराहना भी गद्दी वाला होता है, उपयोग में ली जाती है, यह bench विभिन्न स्तर पर adjust कर सकने वाली होती है। सामान्यत: दो से सात नंबर तक। इन adjust कर सकने वाले level का उपयोग यह है कि मरीज चाहे पेट के बल या पीठ के बल आराम से लेट सकता है। यह विभिन्न कोणों पर मोड़ी भी जा सकती है, जो कुर्सी या excercise table के रूप में परिवर्तित हो जाती है। ये सभी उपकरण Physiotherapist को अपने मरीज को examine करने के लिये आरामदायक अवस्था उपलब्ध कराते है।

Ultrasound therapy– ध्वनि एक mechanical wave है जिसे आगे बढ़ने के लिये किसी माध्यम की आवश्यकता होती है तथा यह निर्वात (vaccum) में आगे नहीं बढ़ती। ध्वनि तरंग उत्पन्न करने के लिये oscillating स्रोत जैसे tunning fork की आवश्यकता होती है। Wavelength दो तरंगों के बीच की सबसे कम दूरी है जो एक समय में एक ही दिशा में आगे बढ़ रही है। Frequency एक इकाई है जिसमें एक particle एक second में कितनी बार एक पूर्ण चक्र को पूरा करता है। velocity वह है जिसमें एक wave जिस रफ्तार से एक माध्यम से गुजरती है, तथा यह विभिन्न माध्यमों पर निर्भर करता है जैसे– वायु में 340 m/sec. पेशियों में 1542 m/sec.

Ultrasound– इसकी therapeutic frequency 1 MHz के आसपास होती है तथा सुनने की सीमा 20 KHz के थोड़ी ऊपर है। Ultrasound की तरंगे विभिन्न घनत्व (density) के ऊतकों (tissues) से टकराती है तथा विभिन्न तीव्रता वाली प्रतिध्वनि (echo) उत्पन्न करती है जो कि record की जाती है तथा ऊतकों का एक चित्र सा बना देती है। इसे ही Ultrasound therapy कहा जाता है।

उपयोगिता–

- तीव्र आघात तथा शोथ– यह soft tissue injury के उपरांत प्रयोग की जाती है जिससे कि traumatic exudate को बाहर निकालने में सहायता मिलती है तथा adhesion के खतरे को कम करती है।
- Scar निकालने के लिये– अगर कोई scar किसी ऊतक के नीचे रह गया है तो उसे बाहर निकालने के लिये प्रयोग किया जाता है।
- Ultrasound का mechanical प्रभाव यह है कि इसका उपयोग जीर्ण शोफ (Oedema) में हुये adjacent structure के adhesion को अलग करने में किया जाता है।

Contraindication–

- Thrombophlebitis
- Acute sepsis
- Cardiac disease
- Tumours
- Radiotherapy के 6 महीने तक
- Pregnant Uterus (Diognostic USG is different)

Magneto therapy– जब किसी चुंबक का प्रयोग therapeutic कार्यों के लिये किया जाता है तो उसे Magneto therapy कहते हैं।

किसी भी चुंबक के 2 pole होते है North pole तथा South pole, हर एक pole का अपना एक विशिष्ट गुण होता है। North pole कुछ गर्म होता है तथा यह शरीर के

विभिन्न processes को उत्तेजित करता है। South pole किंचित शीत होता है तथा यह शरीर के processes को धीमा करता है।

उपयोगिता–

- नैदानिक कार्यों के लिये, MRI का प्रयोग विभिन्न व्याधियों के निदान के लिये किया जाता है। जैसे शरीर के विभिन्न अंगों में होने वाले अर्बुद
- Musculo-skeleton की व्याधियाँ जैसे– RA, OA, मांसपेशी की निष्क्रियता।
- वेदना तथा शोथ–कम करने के लिये।

Nerve Conduction Therapy–

Current जो की एक विशिष्ट स्तर में होता है, एक Motor nerve को उत्तेजित करता है जिससे की वह motor nerve जिस पेशी को जाती है उसमें संकुचन होता है, किसी motor nerve के अभाव में पेशी को सीधे current देकर उत्तेजित किया जाता है। current देने की समय सीमा 0.01 millisecond से 3 second तक उपयोग की जाती है। ऐसा उपकरण 0.01, 0.03, 0.1, 0.3, 3, 10, 30, 100, 300 ms तक current उत्पन्न करता है। Denervated पेशी के लिये अधिक समय तक के आवेग (impulse > 10 ms) का उपयोग किया जाता है। जिसे interrupted direct current कहा जाता है। Nerve conduction- nerve trunk को उत्तेजित करने से उस nerve द्वारा supply की जाने वाली पेशी के अंतिम छोर तक contraction होता है जहाँ से stimulation दिया जा रहा है। nerve conduction के strength duration curve की plotting के साथ ही nerve conduction की testing की जाती है। nerve trunk जहाँ उभरी हुई होती है वहाँ 0.1–0.3 ms की impulse दी जाती है और nerve द्वारा supply की जाने वाली muscle की contraction यह दर्शाती है की कुछ nerve fibre खण्डित नहीं हुये है। शरीर के अप्रभावित भाग में stimulus की तीव्रता के साथ उत्पन्न होने वाली प्रतिक्रिया के साथ comparision यह दर्शाता है की क्षत की तीव्रता कितनी है, हालांकि यह ये नहीं दर्शाता की क्षत nerve में है या muscle में। Nerve fibre का जब क्षय होता है, उसकी conductivity कुछ दिनों में प्रभावित हुये भाग में जहाँ क्षय हुआ है उसके नीचे की तरफ होती है। इससे यह पूर्वानुमान लगाया जा सकता है की Lesion (क्षत) किस अवस्था में है तथा full test सही तरीके से होगा या नहीं।

उपयोगिता–

- अगर लगातार 0–100 Hz की range की beat उपयोग की जाये तो वेदना की शांति होती है। इससे कुछ देर के लिये झुनझुनाहट होती है तथा 15 minute के उपचार के बाद 1 घंटे के लिये दर्द में आराम मिलता है।
- Motor stimulation– जो muscle साधारण रूप से innervated है उसके संकुचन के लिये 1–10 Hz की frequency की जाती है।

- Exudate के absorbtion के लिये- अगर 1-10 Hz की current की frequency दी जाये तो लयबद्ध (rhythmic) pumping action होता है जो exudate के अवशोषण में सहायता करता है।
- वेदना तथा शोथ कम करने के लिये

Diathermy- एक short wave diathermic current जिसकी frequency 10,000,000-100,000,000 के बीच होती है। एक wireless wave जिसकी wave length 30-3 m बनाता है। ऐसे किसी भी current का इस्तेमाल जो इस range में आता है। उसे short wave diathermy कहते है, पर medical कार्य में इस्तेमाल किया जाने वाला current 27.12 MHz का होता है। तथा यह 11 m wavelengh की wireless wave उत्पन्न करता है। यह current एक machine में उत्पन्न किया जाता है जो बाद में patient के उपचार में प्रयुक्त होता है। इस current का transfer patient में electromagnetic field के द्वारा किया जाता है। ऐसा करने के 2 तरीके है- condensor field तथा inductothermy के द्वारा।

उपयोगिता- गहराई में छिपे हुए क्षत जैसे hip joint, जो अन्य किसी electrotherapy से आसानी से साध्य नहीं है।

तीव्र तथा जीर्ण आवस्थिक शोथ जैसे- boils, carbuncles, sinusitis, pelvic condition, infected surgical incision.

Musculo-skeleton system के disorder जैसे- जीर्ण RA, osteoarthritis, sprain, strain, Haematoma (रक्तार्बुद), Muscle तथा tendon tear,

- Capsule lesion
- bacterial infection
- traumatic condition
- Reducing healing time
- Relief in pain

Contraindicaton-

- रक्तस्राव
- सिरा विकार (venous thrombosis/phlebitis)
- धमनी विकार
- गर्भावस्था

Laser therapy- LASER का अर्थ Light Amplification by Stimulated Emission of Radiation. Wave length तथा radiation की दिशा त्वचा विकार, अस्थिमांस गत व्याधियों का उपचार किया जाता है।

प्रकार–

- Nd. Yag laser
- Alexandrite laser
- Carbondioxide laser
- Erblum Yag laser

उपयोग–

- **त्वचा विकार** जैसे– Keloids, spider naevi, melasma, warts, acne scars, seborrhic keratosis, wrinkles, excessive hair.
- **अस्थिमांस गत व्याधियाँ** जैसे– soft tissue lesion, sprain, strain, RA, OA, tendinitis, tendinosis, tendosynovitis, tendovaginitis, synovitis, Bursitis, cervical lumbar spondylitis.

Ultraviolet therapy– Ultraviolet एक विद्युतचुंबकीय ऊर्जा है जो इंसानी आंखों को दिखाई नहीं देती तथा जिसकी wave lenght 10 nm – 400 nm तक होती है। विद्युतचुंबकीय spectrum में ultraviolet की स्थिति visible light तथा X-ray के बीच होती है।

Infrared therapy– Infrared 750 nm – 400000 nm wave length वाली विद्युतचुंबकीय तंरगे है। Infrared red non-luminous स्रोत से उत्पन्न होने वाली radiation, ऐसा सामान्यत: कहा जाता है।

उपकरण जिनसे UV उत्पन्न होती है।

- High pressure mercury vapour burner
- Kromayer Lamp
- Fluorescent tuse
- Psoralen ultraviolet apparatus

उपयोग–

- त्वचागत व्याधियों के उपचार के लिये
- Psoriasis के उपचार में
- संक्रमित तथा असंक्रमित व्रणों में उपचार के लिये

निषेध–

- सूर्य के प्रकाश के प्रति अतिसंवेदनशीलता
- Deep X-ray therapy
- Erythema

- Dehydration, hypo-volamic shock, haematemesis, bleeding per rectum. acute abdomen जैसे आपातकालीन स्थितियों का उपचार
- Dehydration Management

तरल द्रव्य–

(1) Solution based

(a) Ringer lactate- Full strength 1 ampoule in 500 ml glucose

(b) Isolyte M का शिशुओं में उपयोग

(c) Glucose- saline IV

(2) Quantity based

(A) Fluid loss की गणना

बच्चों में तरल द्रव्य की जरूरत–

वजन	दैनिक आवश्यकता
3–10 kg	100 ml/kg
10–20 kg	1000+50 ml for each kga above 10 kg
>20 kg	1500+20 ml for each kga above 20 kg

(B) serum electrolyle के द्वारा dehydration के प्रकार का ज्ञान

Type	Deficit Sodium	Deficit Potassium
Isonatramic	8-10 mEq/kg	8-10 mEq/kg
Hyponatramic	10-12 mEq/kg	8-10 mEq/kg
Hypernatramic	4 mEq/kg	5-8 mEq/kg

WHO solution formula : Oral Rehydration Therapy

Constituents	Gm/L
Sodium chloride	3.5
Sodium bicarbonate	2.5
Potassium chloride	1.5
Glucose	2.0

Hypo-Volamic shook management-

A. **तीव्र तरल प्रतिपूर्ति–** 2 लीटर normal saline या ringer lactate

B. **कारण का उपचार–** cholera में tetracycline, रक्तक्षय का उपचार, Diabetes में insulin का प्रयोग

C. Colloid का infusion अगर hypotensim से hypovolamia उत्पन्न हुआ हो, एक सिरा से crystalloids तथा दूसरी सिरा से colloid solution दिया जा सकता है।

D. Blood transfusion– volume की प्रतिपूर्ति की जाने के बाद Hb के स्तर को बढ़ाने के लिये।

Haematemesis Management–

Primany उपचार

- IV access with infusion of normal saline
- Oxygen inhalation
- Early hospitalization

Hospital Management-

- Resuscitation– उच्च bore वाले cannula को substantial vein में लगाना
- अगर pluse rate 100/min अधिक है या systolic Bp 100mm hg से कम हो तो normal saline जैसे crystalloids का Infusion दिया जाता है।
- अगर blood transfusion की आवश्यकता हो तो 2–4 unit of whole blood दिया जाना चाहिये, इससे Hb concentration सामान्य रहे।

Bleeding per rectum management–

- अगर रक्तस्राव चिंताजनक हो तो तत्काल hospital ले जायें।
- Hypovolemia की स्थिति उत्पन्न हो तो plasma वर्धक का प्रयोग करे तथा बाद में blood transfusion दे। प्रौढ़ रोगी में अधिक transfusion रोकने के लिये central venous blood या Swann-Ghaz monitering मददगार है। तथा ये लगातार या बार–बार होने वाले रक्तस्राव के संवेदनशील indicator (मानक) है।
- Blood में Hb की निर्धारण, clotting time, urea तथा electrolyte level को check करे।

Acute Abdomen Management

- **आराम–** शारीरिक तथा मानसिक रूप से आराम करे। गर्म पानी की थैली से मसाज करे, तीव्र अवस्था में बिस्तर पर ही आराम करे।
- **खानपान–** हल्का पतला आहार ले तथा उपचार को ध्यान में रखते हुए पर्याप्त calorie की diet ले और हर 3 घंटे के अंतराल से थोड़ी–थोड़ी मात्रा में भोजन करे।
- Medicines जैसे– antacids, mucoprotective drugs, proton pump inhibitor anticholinergic का उपयोग
- मानसिक तथा शारीरिक रूप से आराम करें।
- आमाशयिक क्षोभ उत्पन्न करने वाले पदार्थों से परहेज करे।

सन्दर्भ

1. निबंध संग्रह के साथ सुश्रुत संहिता,व्याख्याकर डल्हण ,निदान स्थान पर गयदास की न्याय चंद्रिका पंजिका।

2. चरक संहिता पर चक्र पाणी कृत आयुर्वेद दीपिका टीका,गंगाधर कृत जल्पकल्प तरु व्याख्या,चौखम्भा ओरेंटलिया वाराणसी

3. सर्वांग सुंदरा एवं आयुर्वेद रसायन टीका के साथ अष्टांग हृदय,चौखम्भा ओरेंटलिया वाराणसी

4. वैद्य प्रियवृत शर्मा कृत द्रव्यगुण विज्ञान,चौखम्भा सुरभारती अकादमी वाराणसी,9 वा संस्करण

5. डॉ जी. एस. पाण्डेय द्वारा संपादित भावप्रकाश संहिता, चौखम्भा भारती अकादमी वाराणसी,10 वा संस्करण

6. आढमल तथा काशीराम कृत टीका सहित शाङ्गर्धर संहिता – सम्पादक परशुराम शास्त्री विद्यासागर,कृष्णदास अकादमी

7. वैद्य हरिदास श्रीधर कस्तूरे कृत पंचकर्म विज्ञान,बैद्यनाथ प्रकाशन

8. डॉ आर.एच. सिंह कृत पंचकर्म थेरेपी,चौखम्भा प्रकाशन,वाराणसी

9. डॉ टी. एल. देवराज कृत द पंचकर्म ट्रीटमेन्ट ऑफ आयुर्वेद विथ केरला स्पेशलिटी,चौखम्भा ओरिएंटालिया दिल्ली

10. डॉ मुकुंदीलाल द्विवेदी कृत आयुर्वेदीय पंचकर्म चिकित्सा,चौखम्भा ओरिएंटालिया वाराणसी

11. विविध व्याधियों में पंचकर्म ,डॉ पी यदिहा,जय प्रकाशन

12. प्रिंसिपल एंड प्रैक्टिस ऑफ बस्ति,डॉ वासुदेवन नंपुथिरि एवं डॉ एल. महादेवन

13. इलुस्ट्रेटेड पंचकर्म,डॉ जी. श्रीनिवास आचार्य,चौखम्भा संस्कृत प्रकाशन दिल्ली

14. ह्यूमन फीजिओलोजी,सी. सी. चटर्जी,मेडिकल एलाईड एजेंसी,कलकत्ता 10 वा संस्करण

15. क्लीनिकल पंचकर्म,डॉ पी यदिहा,जय प्रकाशन

16. हचिंसन क्लीनिकल मेथड–माइकल स्वाश 12 वा संस्करण

17. फीजिओलोजीकल बेसिस ऑफ मेडिकल प्रैक्टिस– बेस्ट एंड टेलर 11वा संस्करण

18. प्रिंसिपल ऑफ एनाटॉमी एंड फीजिओलोजी–जी.सी. टोरटोरा

19 प्रिंसिपल ऑफ इंटरनल मेडिसिन– एम. सी. हैरीसन ,12 वा संस्करण

Related Books

ISBN: 9789388043540

ISBN: 9789387991477

ISBN: 9789386347053

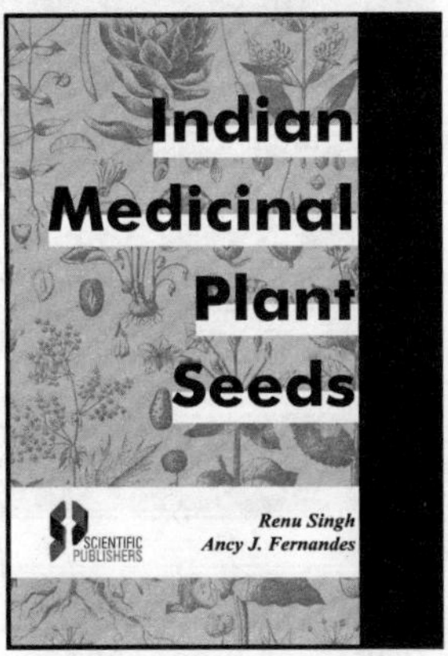

ISBN: 9789386652263

ISBN: 9788172338213

ISBN: 9789388043786

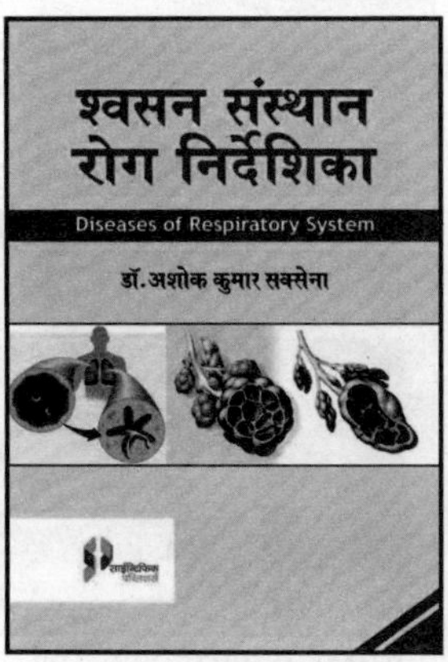

ISBN: 9788172339357

ISBN: 9788172339272

ISBN: 9788172339753

To buy these book visit website: www.scientificpub.com or Contact your Local Book Seller